KUWEI
酷威文化
图书 影视

男孩的正面管教

王金梅◎著

BOY

山西出版传媒集团

山西人民出版社

图书在版编目（CIP）数据

男孩的正面管教 / 王金梅著 . -- 太原：山西人民出版社，2020.7
ISBN 978-7-203-11445-1

Ⅰ . ①男… Ⅱ . ①王… Ⅲ . ①男性—家庭教育 Ⅳ . ① G78

中国版本图书馆 CIP 数据核字（2020）第 082136 号

男孩的正面管教

著　　者：王金梅
责任编辑：郝文霞
复　　审：吕绘元
终　　审：梁晋华
封面设计：八　牛

出 版 者：山西出版传媒集团·山西人民出版社
地　　址：太原市建设南路21号
邮　　编：030012
发行营销：0351—4922220　4955996　4956039　4922127（传真）
天猫官网：https://sxrmcbs.tmall.com　电话：0351—4922159
E—mail：sxskcb@163.com 发行部
　　　　　sxskcb@126.com 总编室
网　　址：www.sxskcb.com

经 销 者：山西出版传媒集团·山西人民出版社
承 印 厂：北京永顺兴望印刷厂

开　　本：880mm×1230mm　　1/32
印　　张：7
字　　数：220千字
印　　数：1—1000册
版　　次：2020年7月　第1版
印　　次：2020年7月　第1次印刷
书　　号：ISBN 978-7-203-11445-1
定　　价：39.80元

如有印装质量问题请与本社联系调换

目 录
CONTENTS

第三章　解读男孩不良行为的心理密码

第四章　改掉男孩的坏毛病

1

第一章

育人先育己

父母是孩子最好的榜样

乌申斯基有句名言："榜样对儿童的心灵是一缕非常有益的阳光，而这种阳光是没有任何东西可以替代的。"

孩子有时就像父母的小尾巴，从出生开始就跟随着父母，学习大人的一举一动，然后在他白板似的大脑里慢慢勾勒自己的世界。父母是孩子的第一任老师，潜移默化中成为孩子模仿的对象。聪明的父母懂得抓住这个宝贵的初始时机，在生活的点点滴滴中教育引导孩子，陪伴孩子成长。

聪聪的爸爸是一名警察，每天早晨都有练军体拳的习惯。聪聪经常兴高采烈地在一旁呐喊助威，偶尔也会跟着"张牙舞爪"地乱打一通。爸爸觉得聪聪才 3 岁，没有教他打拳的想法。可是一年后，4 岁的聪聪打起拳来有模有样，每天早晨都要和爸爸一起晨练。爸爸问聪聪："你怎么学会打拳了？"聪聪挥动着小拳头说："我也想像爸爸一样打坏人，所以爸爸打的拳我都记住了。等我长得像爸爸一样高时，我也要当警察，把坏人都打跑。"

爸爸晨练的好习惯不仅从行为上影响了聪聪，更在聪聪心里埋下了英雄主义的种子，为他将来成为一个勇敢的、有正义感的人打下了良好的基础。

昊昊是书店和图书馆的常客，平时喜欢静静地捧着一本书看很久，为此，有人担心昊昊这样下去会变成书呆子，可是当你和他聊过天之后就不会再有这样的顾虑了。昊昊的妈妈是一位作家，家中藏书万册，昊昊出生后便有了自己的小图书馆。不仅如此，妈妈为写作而搜集材料时喜欢在书上画重点，昊昊也学着妈妈的样子，拿起笔在书上圈圈点点，时间久了，昊昊自然而然地养成看问题抓重点的习惯。每到暑假，妈妈还会带着昊昊到全国各地旅游，参观博物馆，感受不同的地域文化。即使身在他乡，他们也常常能在图书馆待上一个下午。就这样，书籍渐渐成了昊昊的精神食粮，再加上他见多识广，所以大人和昊昊聊天时，只要他一开口，常常惊叹于他渊博的学识和出色的逻辑思维能力。

孩童时期，孩子对一切事物都非常敏感，父母的一言一行都会映入他的眼帘，在他的心里留下痕迹。就像著名的教育学家马卡连柯说的那样："你们怎样穿衣服，怎样跟别人谈话，怎样谈论他人，怎样表示欢欣和不快，怎样对待朋友和仇敌，怎样笑，怎样读报——所有这些对儿童都有很大的意义。"所以父母要严以律己，以身作则，在塑造优秀自己的同时，你也会收获一个优秀的孩子。

榜样的力量为父母管教男孩提供了捷径，但在日常生活中，不好的示范在许多家庭的教育细节中也不可忽视。

6岁的童童无论是在家里还是在幼儿园都是一个活泼的男孩，但是一见到陌生人就会变得十分害羞。妈妈每次带童童出门，遇到熟人，让童童打招呼，童童只会藏在妈妈身后，一言不发。无论妈妈耐心地哄他还是严厉地斥责他，他都不愿意开口。一天晚上，妈妈在给童童讲故事时，童童指着书中的插图问："妈妈，为什么小白兔的妈妈让小白兔吃胡萝卜，自己却不吃呢？"妈妈答道："因为兔妈妈心疼小白兔呀，就像妈妈心疼你一样。"童童转了转明亮的眼睛接着问："那为什么妈妈让我吃那么多蔬菜，你自己却吃那么多肉呢？我也喜欢吃肉呀。"妈妈忍不住笑着搂住童童说："傻孩子，这几天不让你吃肉，是因为你生病了，医生说让你多吃蔬菜和水果，少吃肉。等你病好了，妈妈一定给你做你爱吃的红烧肉。"童童似乎还有疑问，他挣脱妈妈的怀抱，一本正经地问道："妈妈，你让我好好睡觉，而你总是抱着手机玩，你为什么不睡觉？"妈妈瞬间愣住了，她恍然大悟，童童不停地追问，说明他在思考一个问题：为什么大人总喜欢让孩子做一些自己都没做到的事？妈妈突然明白童童之所以见了熟人不打招呼，多半也是来自这种逻辑。想到这儿，妈妈赶紧关掉手机，搂着童童甜甜地睡去了。

后来童童的妈妈带着童童出门时，再也不逼迫他向叔叔阿姨问好了，而是自己先热情地和熟人打招呼。没过多久，妈妈就看到了童童的变化，不等她开口，童童就能主动地与人打招呼并自我介绍，再也不害羞了。

孩子的行为出了问题，父母不要立即指责，而是要先审视自己。要知道，孩子的言行举止、喜怒哀乐无不受父母的影响。父母以身作则，给孩子最好的示范，孩子才会发生让你欣慰的改变。

妈妈对男孩的影响不可替代

有人说，妈妈是孩子生命中最重要的人，此言乍听有以偏概全之嫌，但细细想来，还真是这么回事儿。

有人说："在这个世界上，没有婴儿，有的只是母婴关系。"著名作家武志红也曾提出，母婴关系决定孩子的一生。由此可见，从婴儿期开始，妈妈对男孩的影响就至关重要并无可替代。

从小缺乏母爱的男孩，往往会伴有严重的情感缺失，长大后在感情上会严密防御，很难与人建立亲密关系。孩童时期妈妈对男孩给予充分的陪伴，会让男孩感受到爱、温暖、包容、理解和接纳。青春期之前的男孩会比较依恋妈妈，妈妈成为他诉说心事的对象和学习的榜样，所以妈妈的个人气质和行事风格都会在男孩身上有所体现。

很多妈妈在养育男孩时往往比养育女孩缺乏信心，在感情上妈妈们会不知所措，无法像养育女孩那样凭直觉就能做出恰当的教养行为。但只要妈妈用爱陪伴男孩，尊重男孩的生理、心理特点，就能教导好他，而且男孩还会主动地向你吐露心声、讲述他遇到的各种难题，甚至告诉你他喜欢什么样的女孩。

男孩的性格中也有温柔的一面，妈妈在与男孩相处的过程中应当充分给予他温柔的母爱，使男孩的性格更健全。妈妈对男孩无微不至的关爱，会让男孩在与年龄更小的孩子一起玩耍时，更愿意主动帮助对方，而且也会学着妈妈照顾自己的样子主动照顾小动物。这般温暖、懂事的男孩，自然也能成为妈妈的"小棉袄"。

刚上幼儿园的子浩是个十足的小暖男，每天早晨他都会学着妈妈的样子打扫房间，虽然总是帮倒忙，但他用瘦弱的双臂吃力地推着拖把以及歪着脑袋擦桌子的模样，总给妈妈带来无限的感动与欢乐。爸爸下班回来，他会学着妈妈的样子对爸爸问寒问暖，比如，仰起小脸有模有样地问："爸爸，你今天是不是很辛苦？"爸爸惊奇地反问："你怎么知道的？"子浩有条有理地回答："因为你每天下班回来妈妈都会照顾你，说你工作了一天很辛苦，可是妈妈在家也很辛苦，所以以后我来照顾你。"爸爸妈妈幸福地相视一笑，心中的温暖层层翻涌。

在男孩了解异性方面，妈妈也起着举足轻重的作用。妈妈可谓儿子的"第一个情人"，是男孩接触的第一个异性。妈妈可以帮助男孩在和女孩相处时充满自信，妈妈需要尊重男孩，温柔地对待他，情绪平和地和他相处，这样男孩长大后才能更好地与异性相处，不会产生怕被女孩嫌弃和不敢靠近女孩的畏惧心理。

当男孩与异性相处感到紧张时，妈妈可以告诉男孩，女孩喜欢什么类型的男孩，比如说话有礼貌、有幽默感、会关心照顾他人、有责任感和有主见的男孩，通常更招女孩喜欢。妈妈也可以告诉男孩，女孩也不都是完美的，女孩也有缺点，所以不必太紧张。人非圣贤，无论男孩还是女孩，都有优点和缺点，不必因为自己有缺点就害怕与女孩接触。

5到15岁是男孩成长的关键期，妈妈可以这样帮助男孩建立自信心，例如帮男孩树立良好的自我形象；在日常生活中引导男孩养成良好的卫生习惯，并适时给予鼓励。在孩子换了一身新行头时，妈妈可以毫不吝啬地夸赞他："儿子，你真帅！"在男孩帮父母分担家务时，妈妈可以尽情地说出对他的欣赏："儿子，会做家务的你是多么优秀。"自信心的构建对男孩的成长非常有利。

妈妈对男孩的影响是独特的、无可替代的，因此妈妈在管教男孩时应对症下药，不能忽略男孩成长中的任何一个方面。

爸爸是男孩的偶像

男孩与女孩在胚胎初期是没有区别的，直到 Y 染色体使胎儿发育成男孩。男孩由于睾丸激素的作用，在各个重要的生长阶段身心都会发生重大变化：4 岁时男孩开始变得调皮、好动；13 岁时男孩的身体开始快速发育；14 岁时会遇到人生第一件大事——进入成人期的早期阶段。

睾丸激素对男孩最直接的影响是快速提高男孩的精力和力量，男孩自己也开始崇拜有力量的人，爸爸此时就成为男孩的超级偶像。

绝大多数男孩喜欢运动，因为运动可以让他们体内积聚的力量迅速得到释放，同时还可以减轻他们的焦虑情绪。这个时候的男孩喜欢和爸爸一起运动，他们会欣赏爸爸的风采，学习爸爸擅长的运动技巧，这些无一不让他们感到兴奋。

爸爸可以经常带男孩去进行户外运动，例如跑步、打球和攀岩，还可以带男孩去探险，一起体验更广阔、神秘的未知世界，爸爸魁梧的身躯和睿智的行为会给男孩带来安全感；爸爸也可以教男孩一些实际的生活技能，比如钓鱼、修理玩具、制造简易家具等。

雷雷 5 岁时第一次去体育馆观看爸爸打羽毛球，回家后雷雷就一直催爸爸给他买球拍。爸爸知道对于孩子的正当要求应及时给予满足，于是当即给雷雷买了儿童羽毛球拍。自此之后，一有时间爸爸便陪雷雷打羽毛球。但问耕耘，不问收获。在爸爸的陪伴下，雷雷初三时参加学校组织的羽毛球比赛，获得了第一名的好成绩。

男孩最初的梦想常常受到爸爸的影响。在电影《初恋这件小事》里，男主角的爸爸是一名优秀的足球运动员，但在一次重要的比赛中因为一脚点球失误，导致球队输掉了比赛。男主角小时候常常与父亲踢足球，长大后梦想进入国家队，但爸爸的经历给他留下了严重的心理阴影。每当男主角在学校踢球遇到罚点球时，他便开始害怕，无法克服内心的恐惧。后来，父亲得知他的情况，为他请来国家足球队的教练做指导，男主角最终战胜了内心的恐惧，成为一名优秀的国家足球队队员。

爸爸在男孩心中的形象会对男孩的性格产生一定的影响，偶像形象的破灭也会给男孩的内心造成极大的创伤。所以即使爸爸在事业上遭遇挫折，也不能一蹶不振，而要坚强地面对，整理行装，重新出发，为男孩做出好的榜样。

除了运动，处理事情的坚决果断，面对难题的聪明睿智，面对挑战的勇敢无畏，面对困难的从容不迫，这些优秀的品质都会让爸爸在男孩心中的形象变得高大，并使男孩学习、效仿，以爸爸为榜样来塑造自己。

爸爸在教育男孩时与妈妈最大的不同，就是男孩与爸爸拥有更多的相似之处。同为男性，拥有相似的身体变化和心路历程，爸爸更懂得在身体方面教导男孩，在男孩成长的不同阶段，告诉他身体变化的原因，会遇到哪些问题，以及如何安心应对，等等。当男孩进入青春期时，爸爸应引导他了解必要的性健康知识。把性健康教育放在青春期的早期，可以避免男孩通过其他途径接受错误的性知识，从而影响身心健康。

随着男孩日益长大，力量的增强使他变得好勇、争胜，这个时候爸爸要教育男孩学会尊重女性。处于青春叛逆期的男孩，有时会表现出不听妈妈的话、欺负女同学的行为，此时爸爸要教导男孩"用男人的方式来处理事情"，教他们学会合理释放能量。在生活中，爸爸要以身作则，尊重妻子，替妻子分担家务，不急不躁地解决家中的难题；在人际交往中要绅士地对待女性。男孩从爸爸的行为中可以学到如何与女性彬彬有礼地交谈，心平气和地解决纠纷，不以力量优势欺压弱者。

生活中有些不善言谈、脾气暴躁的爸爸极易与儿子发生冲突，这类爸爸在管教男孩时一定要学会与孩子平等地交流，了解男孩内心真实的想法，与男孩进行有效的沟通，帮助男孩健康地成长，这才是偶像的真正意义所在。

父母感情亲密，男孩更懂爱

著名学者傅佩荣曾说："人若没有一个好的家庭环境，就很难展开一个正常的生命。"家庭环境对男孩来说是非常重要的，甚至决定他一生的命运。父母关系的好坏，为男孩营造怎样的家庭氛围，对男孩的未来有着非凡的意义。

在男孩的世界里，爸爸是他的天，妈妈是他的地，只有天地坚实安稳，才能帮助男孩构建起充满爱和安全感的世界。父母感情融洽，男孩在爱的关怀和灌溉下成长，才能在感受爱的同时懂得爱，在懂得什么是爱的同时学会如何去爱。

感情和谐的父母，会把更多的爱投注在男孩身上，男孩也能得到更好的管教。父母能够游刃有余地处理好自己的感情生活，自然有精力给予孩子更多的关注。在进行亲子教育时，父母应融洽地沟通，有效地分工，默契地合作，从而让孩子得到更好的教育。

石头小的时候，爸爸妈妈经常在如何教育石头的问题上争论不休，夫妻关系渐渐疏远。到石头上小学的时候，父母因为感情不和已无法正常沟通，对于石头的教育更是力不从心。有一天，石头放学回来满脸伤痕，妈妈问石头发生了什么事，石头哭着告诉妈妈："我今天偷偷拿了同学的零食吃，被他发现了，他就骂我是小偷，还说我是没人管教的坏孩子，我气不过，就和他打了一架。"妈妈看着石头脸上的伤痕和委屈的泪水，心疼地抱着他泣不成声。妈妈这才意识到他们在儿子教育上的疏忽，已经造成了严重的后果。

石头的爸爸妈妈经过认真的反省，决定尽到做父母的职责，重拾孩子的品德教育。他们商定下班后，一人承担家务，一人负责陪伴孩子，并定期互换角色，帮助石头全面健康地成长。

一段时间后，爸爸妈妈不仅看到石头在品德方面的进步，而且发现石头变得积极开朗了，也不再惹事了。在一次家庭聚餐时，石头语出惊人："其实我是个乖孩子，以前我总干坏事，是因为我看到爸爸妈妈经常吵架，注意不到我的存在，只有我做了坏事你们才会关注我。但是现在爸爸妈妈感情很好，无时无刻不在关心我，我自然就没必要折腾了。"爸爸妈妈听到石头的话，惭愧地低下了头。

生活在父母经常吵架的家庭里的男孩，会不断感知到负面情绪，这不仅会影响男孩的心理健康，也会在男孩的脑海中形成错误的婚恋观。男孩会悲观地认为所有的家庭都是不幸福的，所有的爸爸妈妈都爱吵架，自己是不被他们喜欢的孩子。在这种家庭里长大的男孩很难走进稳定的亲密关系中。他们缺乏爱的能力，不敢付出爱，也不敢接纳爱。在他们看来，爱是会伤人的。

看惯了父母不幸的婚姻，男孩长大后也会逃避婚姻。他会想：两个人结了婚每天不是吵架就是打架，那为什么还要结婚呢？男孩认为父母不爱他，等他有了孩子后他也不会爱自己的孩子，既然这样，那为什么还要生孩子呢？父母感情不和，受伤害最深的是孩子，而父母总有一天也要为自己所犯的错误埋单。

还有些家庭存在这样的现象：父母感情不和，但为了孩子两人选择将错就错，凑合下去。看似孩子拯救了一个行将破碎的家庭，殊不知，这种环境中长大的孩子总是小心翼翼，因为缺少爱和安全感，他的内心会变得极其敏感而脆弱。

幸福的家庭关系应该是等腰三角形：父母并肩而站，孩子站在父母前面的中间位置。父母感情亲密，三角形的两个顶点稳固，孩子才能在第三个顶点上站住脚，并能从父母的相处模式中学会包容、付出、互动、欣赏和爱恋。

男孩是父母的一面镜子

男孩 10 岁左右时会有一种表现叫"镜像作用",即他越关心谁、越在乎谁、越喜欢谁,其心性和言行举止就越像谁。当父母用心观察时,会发现男孩身上的问题正是自身的问题,此时男孩就像一面镜子,映照出父母身上的缺点。

上小学三年级的桐桐是个人见人爱的乖男孩,在外面别人总夸他聪明、懂事、有礼貌,但在家里他却是个名副其实的"小霸王",经常乱发脾气。父母一开始没在意,后来有一次桐桐发脾气竟然乱摔东西,拿到什么就摔什么,连爸爸最喜欢的玉制摆件也被他摔碎了。妈妈无奈地对爸爸说:"窝里横,像谁呢?"经妈妈这么一提醒,爸爸突然觉察到桐桐竟和自己近来的状态很像。

桐桐的爸爸是一名公司职员,一次因为个人原因导致团队业绩下滑,不仅被领导责骂,还被同事挤对,半年来工作状态一直很糟糕,心情也差到极点。但由于是自身原因造成的,在单位不能发泄,爸爸回到家便对家人发牢骚,甚至发脾气摔东西。此时爸爸看到桐桐的行为,像是一面镜子摆在自己的面前,自己的错误行为已经严重影响到孩子的成长,他下定决心要改掉自己的毛病,重新以积极乐观的心态面对工作和生活。

三年级的男孩在学校已学会一些社会规则,知道应该如何与人相处,所以在外人面前男孩会遵守这些规则。而在家里,男孩没有什么压力,心性相对自由,便会随心所欲,不愿用社会规则来约束自己的情绪和行为。虽然说男孩在家中敢于表现真实的自我是一个好现象,因为一般只有在良好的家庭关系里,男孩拥有较强的安全感时,才能自由地表达自己;但若是父母不好的言行映射到男孩的心里,男孩不受约束地放纵自己,便会造成严重的后果。父母看到男孩的问题意识到自己的问题,这是一种觉悟。若只是一味地责怪孩子,忘了孩子是自己的一面镜子,不从自身找原因,那才是养育男孩过程中最大的问题。

有个小男孩总是生病，父母带他去医院做了所有检查都查不出病因，最后父母决定带男孩去看心理医生。医生看到无精打采、闷闷不乐的男孩，转头便询问他的父母是否感情出了问题。这对父母惊讶于医生的"能掐会算"，同时又不明白这与男孩的病情有什么联系，因为他们从未在男孩面前提过想要离婚的事。医生又看向男孩，问他是否喜欢自己的家庭氛围，男孩毫不犹豫地说："不喜欢，我不喜欢爸爸妈妈，他们不爱我，快不要我了。"男孩的话让父母大惊失色，虽然父母之间有些矛盾，但从未因此吝啬过对男孩的爱，男孩为什么对他们充满敌意呢？

家庭就像一个能量场，男孩通过家庭氛围便能觉察到父母的感情状况，即使父母表面上掩饰得很好，男孩也能敏锐地觉察到，并且不断地吸收负能量，从而转化成身体疾病。这既是男孩对父母感情不和的一种抗议，也是挽留父母不抛弃自己的一种自我保护的本能反应。

心病还需心药医，想治好男孩的病，首先要解决父母的感情问题，帮男孩建立安全感，让他重新感受到自己是被喜欢、被接纳的。

当父母的感情出现问题时，因为害怕影响男孩的成长，常常装作若无其事，殊不知，父母越是不说，越会增加男孩的焦虑情绪。

其实，父母可以积极主动地解决婚姻问题，维护家庭和谐，就算最终无法在一起也应和平分手，不要互相指责和憎恨，而要以平和的心态教养男孩。告诉他，虽然父母因为一些原因不能在一起了，但依旧会像从前那样爱他，让男孩在平和的爱中慢慢接受现实，把他受到的伤害降到最小等级，等他能够接受这一切时，男孩身体上的疾病才能慢慢地不治而愈。

2

第二章

家庭的正面沟通

开口之前，先学会倾听

作为父母，你有没有遇到过这种情况：当你想和男孩沟通，给他讲道理时，发现他根本不愿听你讲，不愿理你，甚至躲避和你谈话？如果确有其事，父母就要反思一下，自己每次是如何和孩子开始谈话的，是否一开口就迫不及待地想要表达自己的想法，而忘记倾听男孩的心声？

当男孩遇到困难、心情沮丧或犯了错误时，他需要一位友善、有同情心、有耐心的倾听者，使他内心的苦闷得以宣泄，并在聆听后帮他消除困惑。想让男孩接受父母的意见，父母应先学会倾听并引导他说出自己的想法，因为一个人只有在"空杯状态"下才能接受新的东西。

俗话说："要使别人对你感兴趣，首先要对别人感兴趣。"同样的道理，如果父母想让男孩倾听自己的意见，就要先倾听男孩的心声。那些从来不认真听男孩说什么，而只在意自己接下来要说什么的父母，会因为缺乏倾听的能力而不能与男孩好好沟通。

专心致志地倾听男孩说话，并且鼓励男孩继续说下去，这是父母与男孩良好沟通的开始。

晚饭后，4岁的丁丁慢悠悠地晃进妈妈的卧室，他坐到妈妈的床边，眼眉低垂，噘着小嘴。妈妈看出丁丁的不悦，连忙放下手中正在整理的衣物，也坐到床边，轻声问丁丁："宝宝，你看起来不太开心呀，怎么了？"丁丁低着头不说话，依旧噘着小嘴。妈妈接着问道："宝宝，是不是发生什么让你伤心的事了？能告诉妈妈吗？"这回丁丁终于开口了："奶奶不喜欢我了。"妈妈疑惑地眨了眨眼："宝宝为什么这么说？""因为奶奶打我了。"说话的瞬间丁丁的眉头皱在了一起。妈妈继续问道："奶奶为什么打你呀？""因为我做错了事，我……"丁丁看到妈妈对自己的话题很感兴趣，突然来了兴致，滔滔不绝地讲起自己的"光荣史"。妈妈认真地听完，微笑着说："哦，原来是这样啊！既然宝宝知道自己做错了，我相信宝宝下次就不会这样做了，知错能改就是好宝宝。而且呢，奶奶和妈妈一样都很爱宝宝，不然奶奶晚上怎么会给你做那么多好吃的菜呢，都是你爱吃的，对不对？"丁丁像是想到了什么，故意伸出舌头舔舔嘴唇说："嗯，晚饭很好吃，明天还让奶奶给我做好吃的。"说完丁丁蹦蹦跳跳地跑出妈妈的卧室，去自己的房间里玩去了。

男孩遇到麻烦想找妈妈吐露心声，但又碍于小小男子汉的面子，不愿主动说出自己的心事，这时他们需要一个"妈妈给台阶下"的过程，慢慢说出问题所在。

男孩犯错之后，他们的内心其实是自责的，但男孩渐渐觉醒的自我意识又不允许他自我否定，所以男孩会感到担心、沮丧和烦躁。4岁的男孩不会排解这种情绪，所以想找妈妈帮忙，宣泄内心的苦闷。这时妈妈就是他最忠实的听众，也是最好的引导者。当妈妈引导男孩说出心事并帮他消除心中的疑虑后，男孩便能立刻投入到属于自己的快乐中。

在倾听男孩诉说的过程中，父母可以用一些话语引导男孩继续说下去，比如"你看起来不太开心，怎么了""然后发生了什么，我很好奇""哦，原来是这样啊，那你是怎么想的呢"之类的话语，让男孩自然而然地说下去。

需要警惕的是，父母在倾听时，一定不能因为生气而强行打断男孩的讲话，转而进行责怪，这样不仅无法了解事情的原委，而且不能真正了解男孩内心的想法。此外，这种强行打断孩子讲话的粗暴方式还会造成男孩沟通上的心理障碍，下次再想与男孩好好说话，将会变得十分困难。

沟通大师卡耐基说过："不要忘记与你谈话的人，对他自己、他的需要、他的问题，比对你和你的问题要感兴趣100倍。"真正的沟通是心与心的交流，父母在倾听男孩倾诉时一定要放下手中的事情，用心聆听孩子讲话，而不能只是敷衍地说"我听着呢"。父母是否在认真聆听男孩说话，可以通过父母说话的语调以及身体语言表现出来，男孩感觉不到父母的倾听，也就不会倾听父母的讲话，更不会接受父母的管教。

所以，父母与男孩沟通时，开口之前一定要先学会倾听。

抛开经验主义，理解男孩的"天马行空"

一位妈妈想让自己刚上幼儿园的儿子学会"1+1=2"的算式，这并不是一件容易的事。

妈妈："1 个苹果加上 1 个苹果等于几个苹果？"

儿子："两个！"

妈妈："那 1 加 1 等于几？"

儿子："11！"

妈妈："你吃了 1 个苹果，又吃了 1 个苹果，你一共吃了 11 个苹果吗？"

儿子："不是，是两个。"

妈妈："那你说，1 加 1 等于几？你看看这里。"

妈妈边说边把两根食指往一起凑。

儿子："妈妈，两根手指在一起很像筷子呀。"

妈妈："你知道 1 根手指和 1 根手指在一起是两根手指，为什么不知道 1 个苹果和 1 个苹果加在一起是两个苹果呢？"

儿子："我知道呀，可是你问我 1 加 1 等于几，我在书上看见两个 1 排在一起就是 11，还是你教我念的。"

妈妈不禁笑出了声，不知道说什么好。

男孩的想象力是父母猜不到的，因为孩子的世界和大人的世界不同，他们没有那么多经验和套路。所以在和男孩沟通时，父母不能习惯性地用已有的经验，先入为主地扼杀男孩"天马行空"的想象力。

尤为重要的是，当男孩犯错时，父母不应该根据经验主义给男孩贴上这样那样的标签，给男孩的行为下负面的结论，这种对男孩的不理解和不尊重会严重打击男孩沟通的欲望。男孩每一次新的尝试，都是对未知世界的探索，他需要通过一次次新的感知，去体会他的成长，从而建立自己的世界观。这是一个漫长的过程，父母能做的除了适当的引导，就是静待花开。

8岁的蛋蛋平时很调皮，今天却捧着一本书看得很认真。正在一旁看报的爸爸看见蛋蛋读书，饶有兴致地问他："蛋蛋，有什么不懂的，尽管问爸爸。"蛋蛋果然有不懂的问题，只见他眉头紧皱，看着爸爸问道："爸爸，为什么有的书上说'人是痛苦的，菩萨要普度众生'，而有的书上却说'人间是最快乐的地方，连神仙也想下凡体验做人的快乐'？"爸爸摆出学者的样子一本正经地说："爱因斯坦有句名言说得好，'书不用读得太多'，但是呢，'一切把伟人的话不分当时的背景和不加辨别的行为都是耍流氓'，所以说，蛋蛋，对于同一个问题要从不同的角度去思考。看问题要有想象力。"

蛋蛋似懂非懂地低下头，眼睛瞅着书本乱转，突然他想到了什么，兴奋地对爸爸说："那天小姨问我：你爸爸是属什么的？我不知道，于是我猜测说'爸爸是属驴的'，逗得小姨笑弯了腰，这算不算是有想象力？"这时妈妈从厨房走出来，听到蛋蛋的话也忍不住笑了。爸爸觉得很没面子，气急败坏地把报纸往地上一扔，责备蛋蛋说："你个臭小子，老师怎么教你的，儿子能骂爸爸吗？真是没大没小。"蛋蛋被爸爸的吼叫吓住了，他跑过去躲在妈妈身后悄悄地抹眼泪。

妈妈连忙打圆场："孩子哪知道驴有什么特殊的含义呀，你看你给他买的小毛驴毛绒玩具，他喜欢得不得了呢。"这时爸爸才平息怒火，走到蛋蛋面前帮他擦去眼泪说："爸爸错了，爸爸给你道歉。蛋蛋的想象力真是丰富呀，连爸爸都没有想到，真叫人大吃一惊！"爸爸说完冲蛋蛋做了个鬼脸，蛋蛋立刻大笑起来，还给爸爸一个鬼脸。

父母根据僵化的经验主义，常常在男孩犯小错误时对其当头棒喝，吓得孩子不知所措。那么以父母的经验，也一定知道被人批评责骂是一件多么痛苦和难堪的事吧。父母尚且不能轻松接受，男孩幼小的心灵又如何能承受呢？

父母在与男孩沟通时一定要多一点想象力，凡事要往好的方面想，要明白男孩并没有真正的坏念头，但是你不恰当的反应有可能把他引向坏的念头，反而使他变成你想象中的坏男孩。

若想走进男孩的内心世界，父母需要抛开经验主义和教条主义，学会换位思考，多给他一些鼓励，少一些批评。能和男孩一起天马行空做梦的父母，也一定能在现实生活中为男孩的梦想插上一双翅膀，助他飞翔。

积极暗示的力量

在一部泰国电影里，我看到非常神奇的一幕，是关于"意念术"的。大致是说，只要你对着喜欢的人默念你想让他做的事，如果你喜欢的人恰好也喜欢你，那么他就会按你的意念行事。比如你对喜欢的人默念"转头，转头，转头……"他就真的会转头；又如你站在人群中对着喜欢的人默念"看见我，看见我，看见我"，他就会真的看见你，向你招手或走到你身旁。

如果世界上真有"意念术"，那么积极暗示或许就拥有与它同样强大的魔力。

心理学上有个名词叫"父母信念"，就是说父母希望孩子拥有什么样的才能，就会关注孩子这方面的能力和潜力，并会不自觉地鼓励和帮助孩子朝这个方向发展，最终孩子真的会在这方面展现出不一般的才能。这是积极暗示的力量。同样，父母信念的消极暗示作用也成立，即父母消极地暗示孩子存在某种问题，孩子就会不断地加深这方面的印象，从而不自觉地做与之相对应的事，最后在不断的自我否定中变成父母担心他成为的那种人。

在与男孩沟通时，父母如果暗示男孩：你活泼开朗，乐于与人交流，愿意吐露心声，会自我表达悲伤和焦虑，男孩就会朝这个方向去努力。如果父母用"闷葫芦""胆子小""害羞""没有主见"之类的负面标签来定义男孩，当男孩在与人交往遇到困难时，便会想起这些可怕的标签，从而产生自卑、畏难的悲观情绪，做出"我不行""我真的做不好"之类的自我暗示，结果事情就会朝坏的方向发展。

晨晨的妈妈是个全职妈妈，从小到大对晨晨的事几乎大包大揽。后来，晨晨上了幼儿园，随着他的自我意识逐渐增强，越来越想自己做事、自己拿主意，可是妈妈早已习惯了凡事包办的相处模式，不舍得让晨晨经受一点锻炼和挫折。

有一天，妈妈送晨晨上幼儿园，到了班里，有许多小朋友对晨晨的妈妈说："阿姨好！"晨晨的妈妈也微笑着回应道："这孩子真有礼貌。"可是当别的小朋友的家长等待晨晨开口打招呼时，晨晨却怕生了，他悄悄地躲到妈妈身后。其实他也很想向叔叔阿姨打招呼，让他们夸自己是个有礼貌的孩子，但是他需要一点鼓励。当他用期盼的眼神看着妈妈时，妈妈一看儿子躲在自己身后，马上心疼起来，她摸摸晨晨的头，向其他小朋友的家长说："我家晨晨性格内向，不爱说话，请你们原谅。"

从此以后，每当晨晨躲在妈妈身后，妈妈都解释说他胆子小，慢慢地晨晨真的胆子越来越小，甚至在幼儿园也不敢开口说话了。

后来，晨晨的妈妈甚至以为儿子得了自闭症，带他去儿童医院看心理医生。医生通过和晨晨交流，发现他并没有自闭症，只是在妈妈的暗示下，他不敢多说话。晨晨觉得妈妈那么爱自己，那么，妈妈的话一定是对的。既然妈妈说自己"内向""不爱说话"，于是就不再开口说话，到后来竟然真的变成不敢讲话了。在医生的指导下，妈妈认识到暗示的力量非常强大，转而改用积极的暗示让儿子敢于说话。她不断暗示儿子：你说话的声音很好听，你说的话很有意思。她不仅鼓励儿子多说话，还陪他一起练习演讲。在幼儿园毕业晚会上，晨晨站在讲台上演讲，他的声音清脆响亮，整个人非常阳光非常自信，而那个害羞的晨晨早已消失得无影无踪。

暗示的力量往往会改变一个人的心性，通常来说，权威型父母的暗示，更能在男孩身上得到映射。

有研究表明，暗示的力量甚至可以改变一个人的容貌，相貌平平的人在夸赞者的不断暗示下会越来越迷人。这或许是因为被人赞许后心情愉快，皮肤更有光泽，连皱纹的纹路也有了让人舒服的弧度。不管是什么原因，总之，这都说明暗示确有"魔力"。

不急于否定，学会共情

文文一直不爱吃蔬菜，这在他患上腺样体肥大之后，更成了妈妈的一块心病。医生叮嘱文文的妈妈：孩子的饮食一定要清淡，要多吃新鲜的水果和蔬菜，少吃肉、蛋、奶，否则腺样体会继续肥大，只能做手术切除。这对于偏爱吃肉、蛋、奶的文文来说是一个考验，但不知其中利害关系的他，仍然任性地不愿吃蔬菜。

饭桌上，文文又在吵闹："可不可以不吃蔬菜，蔬菜不好吃，我不想吃。"妈妈一直为文文的病情焦虑，一听到文文这样不懂事地违背医生的嘱咐，瞬间气不打一处来，她语气强硬地说："不行，必须吃，你生病了不知道吗？吃这个病才能好，不吃就去找医生打针。"文文一听到"打针"两个字，立刻大哭起来。

发完脾气的妈妈，看到哭泣的儿子又心疼起来，她把文文抱在怀里，语气温柔地说："宝宝生病了，医生说不能吃肉，尤其是晚上，否则夜里睡觉会打呼噜，打呼噜就会加重病情，然后只能去做手术。宝宝不喜欢做手术，对不对？妈妈也不想让宝宝经历那种疼痛，所以我们先吃一段时间蔬菜，等病好了再吃肉，好吗？"

听了妈妈的安慰，文文虽然止住了哭泣，但他依旧不愿吃蔬菜。妈妈也颇为无奈，到底怎样才能让宝宝愿意吃蔬菜呢？

在这个故事中我们看到，孩子在表达自己的意愿时却被妈妈一口否决，妈妈只是从孩子的身体出发，从医生的叮嘱出发，从好妈妈的责任出发，却偏偏遗忘了最重要的一点——从男孩的情感体验出发。

在亲子沟通中，父母常常从主观的意愿出发，对于男孩提出的违背自己意愿的要求一口否决，不会设身处地地站在男孩的角度去感受他的情绪，在心理学上这是缺乏共情能力的表现。共情能力是父母与男孩相处时非常重要的一种能力，它需要父母改变以自我为中心的思维模式，感知男孩的情绪，在理解和尊重的基础上，帮助男孩找到解决问题的方法。

其实，文文的妈妈可以这样做：首先，了解文文的想法，换位思考，引导文文说出不愿吃蔬菜的具体原因，是因为蔬菜的口感不好，还是色泽不能引起他的食欲？其次，了解男孩的需求后，妈妈可以改变烹饪方式，比如把各种蔬菜切碎混在一起做成饺子、包子、馅饼，榨蔬菜汁，或用模具做成各种小动物图形的蔬菜饼。俗话说："只要厨子好，白菜帮子也能吃出肉的味道。"也许男孩不是不愿吃，只是需要换一种烹饪方法的"爱心蔬菜"。

想让男孩愉快地完成一件事，与其态度强硬地下命令，不如采用男孩更愿意接受的富有同理心的教导。父母有同理心，才会以更加宽容的心态去理解孩子的想法，接纳孩子的情绪，而不是整天苛责孩子。学会与男孩共情，这是父母有智慧有素养的一种表现。

遇到教养问题，父母不能偏执于自己的意愿和所谓的道理，更不能利用父母的权威野蛮粗暴地强迫男孩，而是应该富有同理心地从男孩敏感、脆弱、充满困惑的弱小心灵出发去思考问题。这种思维模式不仅可以帮助男孩解决当下的难题，还会增强父母管教男孩的信心，让亲子沟通事半功倍。

随着年龄的增长，男孩不仅会反抗父母的意志，还会时常提出一些让父母不敢相信的新奇的想法或要求。这个时候，若是父母武断地否定、拒绝，那么同时被扼杀的还有男孩的创造性和主动性。聪明的父母会等男孩把话说完，站在他的角度体察他的起心动念，而后给予正确的引导。

良好沟通的前提是平等和尊重，父母以民主的方式给予男孩充分的尊重，男孩同样也会尊重父母。尊重男孩的方式很简单，有时可以简单到仅仅是"蹲下来"，用他的眼光看待这个世界，面对面地和他平等交谈。

文明教育，不打不骂

男孩淘气和好动的个性，常常使他们变成父母嘴里"不听话"的孩子。每个男孩都有"不听话"的阶段，打骂是父母在这一阶段最常用的管教手段。看似立竿见影，实际上却是一种最没效果、对男孩心理伤害最大的方式。

生活中，男孩被父母打骂后离家出走、造成严重后果的新闻屡见不鲜。在心理辅导中心，因父母实行暴力教育致使男孩性格孤僻、心理自闭和心理扭曲的例子也比比皆是。可是，如此多的教训为什么唤不醒那些沉迷于"棍棒之下出孝子""不打不成才"的糊涂父母呢？

"打孩子"的恶俗起源于野蛮的原始社会，生活在当下的文明社会，"打孩子"的父母到底有何种心理机制呢？

在对"打是亲，骂是爱"这一观念的错误理解下，粗暴的父母以此作为打骂男孩的道德屏障和心理支撑。若在"严打""高压"下教出了有出息的男孩，他们更加确信"听话的孩子都是打出来的"；若是打骂之后孩子不成器，他们便会哀叹"付出那么多心血，孩子怎么就是不懂事呢"。这样的父母从来不认为打骂是虐待儿童的行为，反而以爱的名义越打越顺手。其实，就算是那些在打骂下成才的男孩，父母也只是关注到他们某一方面的成就，却忽视了他们的人格缺陷。

男孩长大后，不仅需要事业有成，还需要扮演好各种社会角色，比如努力成为一个好丈夫、好父亲、好同事、好邻居，这些美好的身份，都要求男孩有一个健全的人格。

在打骂中长大的男孩，多半会变得自卑、内向，缺少人际交往能力和情绪管理能力。若这种现象长期得不到缓解，会使男孩脾气变坏、性格扭曲，甚至会产生报复社会的心理。当心理压力累积到一定程度，还会造成腹泻、肠胃疾病、失眠等身体疾病。

蒙台梭利博士说过："每种性格缺陷都是由儿童早期经受的某种错误对待造成的。"父母对男孩实施的暴力教育使男孩身心俱损，造成其人格上的缺陷，甚至会毁掉男孩一生的幸福。

小伟小的时候，妈妈对他是"两天一小打，三天一大打"，提到童年，小伟想起的唯有那些落在他身上的疼痛。

冬夜，小伟在被窝睡得正香，冷不丁有人掀开他的被子，紧接着身上就挨了一巴掌。身上的疼痛和内心的恐惧促使小伟跳下床，边哭边拼命往卧室外跑。他不知道妈妈为什么要打他，但是他知道他要是不跑，正在气头上的妈妈会让他吃更多苦头。他跑，妈妈就追着他打，从卧室跑到书房，最后小伟跑到储藏室，躲在储藏柜的角落里。妈妈像失去理智的困兽一样，跟在小伟后面，伸出双手够着小伟打。终于，妈妈累了，打不动了，才停下手。小伟哭喊着躲在储物柜的角落里，不敢出来。

妈妈喘着粗气大声问道："你把语文书放哪儿了？"小伟边哭边用沙哑的声音说："在我书包里。""你还撒谎？老师打电话说你今天把语文书撕了，你不承认错误还撒谎！我叫你骗人，看我不打死你！"妈妈说着又举起手。小伟因为害怕而撒了谎，可最终还是没有逃脱被打的命运，他哭喊着往后退缩，他恨不得钻进墙里，这样就不会再挨打了。这时妈妈见小伟不说话更生气了，她扯着嗓子骂道："你个兔崽子，你说你到底为什么撕书！我辛辛苦苦供你上学，你就这么回报我吗？"小伟怕再被打，他连忙解释："书不是故意撕的，是和同桌打闹的时候不小心扯破了。我根本没用力，是他用力扯的。""现在承认了是吧？看我怎么收拾你。"妈妈又要打，小伟急着躲，不小心头撞到了柜子一角，受了伤……妈妈终于平息了怒火，将小伟送到医院。

那次受伤并不严重，小伟身体上的伤口很快就愈合了。可是妈妈的暴脾气和那顿毒打却在他幼小的心灵上留下深深的疤痕，一直都在，需要他用一生去治愈。

打骂孩子是一种缺乏教养、素质低下的表现，是简单粗暴地以强者的地位欺负弱者的行为，甚至有时父母打骂男孩只是为了出一出气，让自己舒服。

教育中的不顺心，父母可以用打骂孩子来发泄，但你是否想过，那个毫无抵抗力的男孩，他的内心会经历什么？他忍受了怎样的痛苦，又该如何释怀呢？男孩在成长中迷茫、困惑，父母不仅不给予正确的引导，还在男孩犯错时拳脚相向，有的男孩不反抗，选择沉默，结果得了自闭症；有的男孩长大后心理扭曲甚至报复社会……无论是哪一种，可以肯定的是，在男孩被打骂时，他内心的恐惧和愤怒都会成为今后不幸福的源头。

所以父母在与男孩沟通时，一定不要使用暴力。身为父母，你要知道，任何一个需要打骂才能解决的教养问题，一定有不打不骂也能解决的办法。

忠言"顺"耳，男孩更爱听

你还记得上次孩子犯了错，你是怎么对他进行批评教育的吗？他接受你的批评了吗？愿意按你说的话改正错误吗？

批评教育是一门艺术，父母只有掌握了正确的批评方法，男孩才会成为那个真正"听妈妈的话"的乖男孩。

就像身体受伤会疼一样，男孩犯了错或闯了祸，不等父母批评，他也自然会感到羞愧、内疚和痛苦。父母若是在这个时候条件反射般地用一些严厉、指责的话语批评男孩，比如"我不是告诉过你不能这样做吗？你怎么还……""你总是这么不听话""你能不能长点记性"，受挫的男孩会觉得很没面子或烦躁不已，接着他会为找回心里的自我确认，从而故意和父母顶嘴或摆出一副不屑一顾的样子。

如果父母和男孩之间经常处在严厉批评和顽劣反抗的状态，男孩会真的对犯错不在意，渐渐失去羞愧感和自责感，对父母的批评教育变得无动于衷，这样他就会在父母不断的批评下，变成让父母头疼的"熊孩子"。

那么父母需掌握哪些批评的方法，才能让男孩好好"听话"呢？

一、避免"超限效应"

父母在批评男孩时通常会犯以下几个错误：以自我为中心，不注重批评的方式方法，不注意把握批评的尺度，不懂得换位思考。父母这种自说自话和无休止的说教不但起不到教育的作用，反而会引发"超限效应"。

"超限效应"是指刺激过多、过强或作用时间过久，从而引起心理极不耐烦或逆反的心理现象。男孩本来在听到父母的教诲后已经做好改正的准备了，但在父母喋喋不休的批评下，索性破罐子破摔，选择"左耳朵进，右耳朵出"，甚至产生逆反心理，父母越不让这样干，男孩就非这样干不可。

语言学家拉克夫认为说话有三个原则：说话不要咄咄逼人，要让别人也有说话的机会，要让人觉得友善。父母批评男孩的目的是引导男孩改正错误的行为和态度，但引导不是无休止的说教。父母若想让男孩听进去，就一定要避免无意义的重复，因为没完没了的唠叨只会适得其反。

二、批评要富有诚意

一个人会不会说话，不在于他说了什么，而在于他是如何说的。父母批评男孩一定要选对说话的方式，多站在男孩的立场上，在理解、包容和帮助男孩的前提下进行批评教育。一言以蔽之，父母的批评要富有诚意。

天天在学校无意中违反了校规，影响了班级的评优成绩，被老师罚写检讨书。妈妈知道后虽然心里对天天也有些责怪，但妈妈理解他这个年纪的男孩，偶尔顽皮一下也是正常的，知道天天内心也一定认识到了自己的错误。当天天垂头丧气地回到家里，准备接受责罚时，妈妈只是开玩笑地说了一句"小糊涂神犯点小糊涂很正常"。接着妈妈帮助他分析犯错的原因和改正的方法，这不仅为天天写检讨书充实了内容，而且发挥了检讨书的自省功能。最后，妈妈还鼓励天天多为班级做贡献，比如主动打扫公共卫生、参加校园运动会，把不小心为班级丢的分挣回来。天天听到妈妈的话两眼放光，脸上的愁容也变成了兴奋的笑容。

从上述故事中我们可以看到，通过妈妈富有诚意的批评，天天从给班级丢分变成要为班级加分，从调皮顽劣到有集体荣誉感，从自责变成自我期待，说明妈妈的教育非常成功。如果天天一回到家里，妈妈就板着脸用讽刺、挖苦的语言批评他或对他进行人身攻击，就算道理说得都对，错误分析得头头是道，也不会获得天天的认同，更不会让天天变成一个充满正能量的好学生。记住，父母批评男孩不是为了逞口舌之快，而是要解决问题。所以一定要富有诚意地开导和帮助他，让男孩心甘情愿地承认错误和改正错误，并鼓励他冲破自身局限，做更好的自己。

三、父母要做"事后诸葛"

《朱子家训》中说："堂前教子，枕边训妻。"意思是说，教育孩子要当众指出他的过错，让他感到羞耻，从而不再犯类似的错误；而妻子犯了错，则要给她留颜面，在没有人的时候悄悄地告诉她。但从儿童心理学的角度来看，"堂前教子"的做法并不可取。

在生活中，我们常常看到这种情况：父母当众对男孩大声斥责，甚至连打带骂，有人围观劝说，父母还会解释打骂男孩的"正当理由"，当众揭男孩的短。这种时候，男孩往往面红耳赤、垂头丧气或哭哭啼啼。

其实，无论男孩多么小，都有自尊心和羞耻心。父母当众批评男孩，会让他在众人面前产生自卑心理或逆反心理，这会严重挫伤男孩的自尊心和自信心。

当男孩不小心犯了错，父母不妨做"事后诸葛"，当着众人为男孩留点情面，私下再对男孩耐心教导。这样既维护了男孩的自尊，尊重了男孩的人格，又给男孩留有自我教育和自觉改正的机会。

四、欲擒故纵式的批评

爸爸下班回到家，感觉气氛不太对。他走进客厅，看到豆豆下巴搁在桌面上，正胡乱地涂鸦。妈妈递给爸爸一个眼神，示意他过问儿子的情况。

爸爸一把把豆豆抱在腿上，逗他说："这么认真地画线条，是想长大后当画家吗？"

豆豆抬眼看着满脸笑容的爸爸，小声说："我去书房时，把你的蓝色墨水瓶打翻了。"

正当豆豆准备挨骂时，爸爸却说："墨水瓶打翻了不要紧，再买一瓶就行了，但是我儿子主动认错，爸爸很欣慰呀。"

豆豆惊讶地看了爸爸一眼，接着低下头说："墨水洒在你书上了。"

"爱看书也是好事情。"爸爸面不改色地说。

"可是书上的墨水甩到你的灰色衬衣上了，我想帮你洗，结果衬衣变成了那样。"豆豆说着，回头指了指泡在盆里的灰色衬衣。

爸爸看见自己最喜欢的一件衬衣变得面目全非，不禁十分错愕。这时妈妈连忙向爸爸摇摇头，又给他使了个眼色。爸爸回过头看豆豆时已没有半点大惊小怪的神情，他欣喜地说："儿子都学会主动帮爸爸妈妈做家务了，真是太棒了。"

豆豆听到爸爸一连串的夸赞，根本没提自己犯的错误，他觉得无地自容，最后哭着向爸爸主动道歉："爸爸，对不起，我去找墨水不是为了学习，而是为了把墨水灌进泡泡机里吹蓝泡泡；洗衣服也不是为了帮妈妈干活，是闯了祸怕你回来揍我。"

爸爸满意地笑了笑说："你能主动承认错误，爸爸相信你以后也会主动学习和主动帮妈妈分担家务的。更何况你能想出吹蓝色泡泡的点子，真是很有想象力呢，爸爸更应该表扬你了。"说完爸爸结结实实地亲了下豆豆的额头。

爸爸从头到尾没有说一句批评的话，却引导儿子主动承认错误，并给儿子指明今后努力的方向。爸爸这种欲擒故纵式的批评，不仅孩子能够接受，还会给他留下深刻的印象，从而自觉地不再犯类似的错误。

五、就事论事，对事不对人

有些父母有一个不好的习惯：在批评男孩时，会联想起他之前犯过的类似错误，然后絮絮叨叨地旧事重提，最后变成对男孩人格的否定。

比如妈妈催男孩写作业，男孩不写，妈妈就会说："催你写作业，催了这么多遍你就是不赶快写，还说不会做，我看你就是懒，就是做事拖拉，早上让你刷牙你不刷，晚上让你睡觉你不睡，让你别打游戏你非要打，我看你就是不学好，长大后能有什么出息……"

妈妈唠叨时的联想有点像"蝴蝶效应"，能从男孩写作业慢，一直推断出男孩长大后没有出息。这种不就事论事而直接上升到人身攻击的批评方式，显然只会越批评越糟糕。男孩也许真的会因此堕落，变成妈妈口中那个没出息的男孩。

父母在给男孩纠错时，千万别把男孩批评得一无是处，而应该用平和、有引导性的话语告诉他怎样做会更好。比如，男孩做事拖拉，你可以说"现在做得慢没关系，你这么聪明好学，我相信你可以做得又快又好，要不咱们试试"；男孩不收拾房间，你可以说"你的小窝可以变得更漂亮，只需要你稍微收拾一下，你就会享受到你的劳动成果"。家长深谙批评的艺术，才会让男孩朝着更好的方向发展。

与男孩"谈判"的技巧

男孩从两岁半开始，便会萌发自我意识。他们开始区分什么是别人的，什么是自己的；什么是别人想要的，什么是自己想要的。其中最明显的标志是，男孩开始说"不"，开始问"为什么"，并想争取主动权和掌控感，男孩不再像两岁之前那样唯命是从，而是开始讨价还价。

但是由于这个阶段男孩的认知度还不够，意识不到"自己想得到什么就能得到什么"的想法是行不通的。父母若直白地和男孩讲道理，只会适得其反。因此，父母与男孩沟通时就要动点脑筋，掌握一些"谈判"技巧。

一、在男孩拒绝做某件事时，提供几个选项，让男孩拥有一定的自主权

谈判过程中有一个黄金原则，就是想让对方按你说的做，就要让对方觉得他拥有做这件事的主动权。父母想让男孩按照计划完成某件事，威逼利诱的做法会消磨男孩的主动意识，往往收效甚微。所以父母要让男孩意识到，他做出的某个决定和选择，不是出于父母的威逼，而是自己主动选择的结果。

临睡前，小宇不愿意刷牙，磨磨蹭蹭地一会儿玩玩积木，一会儿又看看鱼缸里的小鱼，在爸爸说了无数遍"你该刷牙睡觉了"之后，依旧无动于衷。

妈妈忙完家务，走到小宇面前，蹲下来对他说："宝贝，你看天都黑了，小红帽姐姐都回家睡觉了，你也该刷牙睡觉了。"

小宇转转眼珠说："小红帽睡觉前也刷牙吗？"

妈妈笑着说："那当然啦，每个人睡觉之前都要刷牙的，否则细菌会在牙齿里筑起城堡，长出很多很多小洞，牙齿就会生病。"

小宇失落地低下头说："可是我不想刷牙，我有别的选择吗？"

"宝贝不能不刷牙，因为牙疼很痛苦，妈妈会心疼；但是宝贝可以做个选择，比如，你可以选择用电动牙刷，或是用手动牙刷。"

小宇听到妈妈像和自己玩游戏一样地聊天，高兴地说："电动的！"

妈妈接着说："那宝贝是想用草莓味的牙膏，还是甜橙味的呢？"

小宇兴奋地说："草莓味的，我最爱吃草莓！"

"既然宝贝自己做好了选择，那我们赶快行动起来吧！"

于是，小宇高高兴兴地自己去刷牙了。

在这个故事中，妈妈让小宇自己选择牙刷和牙膏，从而让孩子觉得自己不是被强迫着去刷牙，而是去做一件自己决定的事，所以才会主动地去刷牙。

需要注意的是，父母在为男孩设置选项时，一定要提供合理可行的选项，不能让孩子形成"一切事情都可谈条件"的错误认识。

这里有一个关于基辛格和尼克松的小故事。尼克松总统用零食引诱宠物狗从椅子上跳下来，基辛格看到后就说："你这是在告诉你的宠物狗，想吃到零食就应该跳到椅子上，这样反而会鼓励它做你不想让它做的事。"

与男孩"谈判"也是同样的道理，你想让男孩去做一件事，不能用条件来引诱他，因为这样一来，男孩就会为了得到你提供的好处，故意不去做这件事；抑或他觉得条件没有诱惑力，从而拒绝做这件事。所以，为男孩提供的选项应该是做成这件事的不同方式，而不是选择做或不做。

二、在男孩下"最后通牒"时，重新关注"谈判"的过程，重新解读男孩的心理诉求

有时父母向男孩提出要求时，男孩不但会拒绝，还会下"最后通牒"：无论你说得多么天花乱坠，我也不会做。

遇到这种情况，"谈判"似乎陷入了僵局，那该如何突围呢？

首先，父母可以从"谈判"结果向前回溯，在男孩拒绝之前，他答应过什么条件，以此为突破口，找到打破僵局的出路；其次，可以回想在遇到类似情况时，曾经用什么样的方法解开过死结，虽然是在不同的情境下，但总能找到男孩情感需求的共同之处。

有时候父母会觉得，男孩的这种断然拒绝是无理取闹，其实大多数情况下是男孩的某种诉求未被满足，但他不愿直接表达，所以通过拒绝你的要求的方式宣泄不满。

比如男孩故意把玩具扔在地上，发出很大的声响，只是为了吸引一旁看手机的爸爸的注意力，让他关注自己，陪自己一起玩玩具。如果这个时候爸爸要求男孩把玩具捡起来，男孩断然不愿意做，因为他的诉求没有被满足。他不但不会捡回玩具，还会继续制造其他声响。但是，他的目的不是惹爸爸生气，而是想得到关注。

三、和善而坚定地对待男孩的诉求，充分感受他的情感需要，同时坚定地拒绝他不合理的要求

父母带男孩去商店，经常会遇到一件头疼的事：男孩看到玩具就走不动路，软磨硬泡地拉着父母非买不可，父母不给买就满地打滚或大哭大闹。

遇到这种情况，很多父母通常经不住男孩的哭闹和路人的围观，只能顺着男孩的意愿买下玩具。但这种情况一旦发生一次，就会一发不可收拾，因为孩子抓住了父母的弱点，每次都会以同样的方式要挟父母继续给他买想要的东西。还有的父母则会强制性地把男孩带走，给予一顿打骂或指责，这样只会让男孩心灵受伤，并不能达到教子的目的。

其实，遇到这种情况，父母要做的既不是妥协，也不是责骂，而是以和善而坚定的态度告诉男孩："这个玩具不能买，但是我知道你不能拥有这个玩具会很难过，我也为你感到难过。"如果这个时候男孩想哭，或者想在地上打滚，父母可以允许男孩这样做，等他哭累了，闹够了，发现这样做对父母没有任何威胁作用，他便会放弃这种诉求方式。

如果下次遇到同样的情况，男孩知道父母坚决的态度是哭闹也无法改变的，他就不会再无理取闹了。当然，如果男孩真的没有这种玩具并且有必要买的时候，父母不妨满足他的要求，只是要选一个合适的时机。

和善而坚定的管教方式，是正面管教的核心理念。在与男孩"谈判"时，一定要区分他的情感需求和具体要求。对于前者，父母要感同身受地给予满足；对于后者，不能满足的要求要坚定地拒绝。父母要让男孩在充满爱的环境里，懂得什么事可为，什么事不可为。

别跟男孩说"娃娃语"

办公室里，爸爸正在和腾腾视频通话，一旁的同事听到爸爸和腾腾的对话，惊讶地问："你儿子说话像个小大人，要不是这稚嫩的声音，我真以为你在和大人聊天呢。"

腾腾的爸爸淡然地说："从小我就和他这样说话，从来不说所谓的'孩子语言'。"

同事有些愕然，不解地问："这样说话孩子能听懂吗？不会影响孩子的理解能力吗？"

腾腾的爸爸语气坚定地说："正好相反，简练、精准的语言可以提高孩子的理解能力，反倒是那些不断重复的'娃娃语'会增加孩子的认知成本。"

语言的作用在于表达思想、发展思维，正如腾腾的爸爸说的那样，与男孩沟通时使用简练、精准的语言，不但可以提高男孩的思维能力，还可以降低男孩的认知成本。

男孩从 3 岁开始进入语言发展的敏感期，对于像白纸一样的孩子来说，任何词汇都是新鲜的，都会引起他的好奇心，吸引他不断模仿并存入大脑。不管是正式的书面语，还是通俗易懂的口语，对于没有词汇储备的孩子来说其实都是一样的。比如，父母对孩子说"葫芦兄弟同心协力铲妖除魔，最后妖魔落荒而逃"和"葫芦兄弟一起打妖魔，最后妖魔全被打跑了"，对于语言敏感期的孩子来说，并不会觉得前者比后者更难理解。

其中的道理就像从小讲汉语的孩子和从小讲英语的孩子，在长大后都觉得对方的语言很难学，但在刚接触的时候，孩子对于英语和汉语的理解能力、接收能力是相同的。

那么，把男孩当作大人一样来交谈，具体有哪些好处呢？

在男孩语言发育的敏感期，儿童通过模仿和感觉音韵的方式不断地重复练习，在练习的过程中逐渐内化成语言表达出来。父母是男孩接触最多的语言的使用者，在学舌阶段，男孩是父母的复读机，父母的语言几乎是男孩语言学习的源泉。这时，如果父母把男孩看作大人一样来沟通，不使用"吃饭饭""睡觉觉""不要怕怕哦""小桌儿""小花儿"这样的叠词和儿化音词语，多使用文明、规范、准确、富有美感的口语，男孩在潜移默化中便能提高语言的运用能力，不仅会说，还知道如何说得更好。

另外，语言对思维具有一定的塑造作用，就像写文章可以锻炼一个人用词的精准程度一样，语言也可以锻炼一个人的思维能力。精准的语言可以让男孩的思维更缜密，词不达意和冗长啰唆的语言会让男孩的思维模棱两可或抓不住重点。

下面是两个 5 岁男孩和各自爸爸之间的对话。

（一）

爸爸：儿子，明天你的朋友们来家里做客，作为主人，你准备怎么待客呢？

儿子：我会把我最喜欢的零食、玩具和故事书与他们分享。

爸爸：那你有什么具体的计划吗？

儿子：首先我们会在客厅吃饭；然后我会邀请他们来我的卧室，玩托马斯火车；最后我们会在书房看书，我猜他们对我的故事书一定很感兴趣。

爸爸：你的计划听起来很合理，但是爸爸建议你增加一条，看完故事书后，你们可以到楼下的公园玩堆沙堡的游戏，爸爸下班回家可以顺路帮你带几把新铲子回来，你觉得怎么样？

儿子：太棒了，谢谢爸爸。

（二）

爸爸：儿子，明天你们几个小孩打算在家玩什么呢？

儿子：我会把我的好吃的、好玩的都拿出来，和小朋友们一起吃，一起玩。

爸爸：然后呢？你们打算做什么？

儿子：然后我们一起吃东西，然后一块玩，再然后出去玩，再然后回家玩。

　　爸爸：这么啰唆，干脆我带你们去游乐场玩一天算了。

　　儿子：可是游乐场没有这么多好玩的。

　　爸爸：游乐场那么多好玩的，还不够你们玩吗？去吧，我给你们提前买好票。

　　儿子：嗯……那好吧。

　　同样是 5 岁的男孩，他们在语言表达能力和思维能力方面的差距非常明显。第一个男孩可以清晰地表述自己的计划和意愿并得到爸爸的支持，第二个男孩虽然在脑海里构想出很多陪伴朋友的方式，但是词不达意，并且逻辑非常混乱，结果无法让爸爸了解自己真正的想法。当然，不难看出，爸爸平时和男孩的沟通方式过于简单，对男孩的语言表述方式具有错误的导向作用。

　　在男孩语言的发展期，父母把男孩当作大人一样来沟通，不跟男孩说"娃娃语"，对男孩学会运用准确、规范、有条理的语言有很大帮助。此外父母还应陪男孩多读书，读书不仅能使男孩视野开阔，而且能提升男孩的语言能力。而且，只要是男孩能读下去的书，父母就不用担心男孩读不懂，因为徜徉在知识的海洋里，男孩是不会畏难的，他们对知识的渴望是强烈的，他们的潜力是巨大的。

引导男孩做情绪的主人

"为什么懂得那么多大道理，我还是过不好这一生？"这是现代社会很多年轻人都会发出的感慨。追本溯源，你会发现，这和情绪管理有着微妙的联系。

在生活中，父母经常对孩子进行道德说教，但很少关注孩子的情绪变化、情绪表达和情绪管理。这就导致很多孩子在小时候和成人以后对为人处世的道理说得头头是道，但由于不善于觉察和管理自己的情绪而无法跟他人融洽相处。所以父母在教育男孩的时候，不仅要关注男孩的智力训练和品德教育，还要关注男孩健康人格的形成，让孩子学会情绪管理。

心理学大师约翰·戈特曼总结出一个叫"情绪管理训练"的方法，父母可以借鉴、学习。约翰·戈特曼的训练方法包括以下五个步骤：

第一，觉察孩子的情绪；

第二，把情绪化的瞬间当作增进亲密感、对孩子进行指导的好机会；

第三，对孩子的情绪感同身受，倾听孩子的心声，认可孩子的情绪；

第四，帮助孩子表达情绪，为情绪分类；

第五，划定界限，指导孩子解决问题。

比如当男孩哭闹着不愿意去幼儿园时，父母应该怎么做呢？

暴脾气的父母会直接下命令，用"不许哭""必须去"等简单粗暴的话语逼迫男孩就范，表面上看起来很快解决了问题，其实问题一直都存在，时间一长还可能使男孩产生心理问题。

喜欢讲道理的父母会采取"动之以情，晓之以理"的办法，告诉男孩为什么要上幼儿园以及上幼儿园的诸多好处，摆出许多"都是为孩子好"的大道理，可是男孩在闹脾气的时候对这些金玉良言根本听不进去，否则他就不是孩子了。

懂儿童心理学的父母则知道，这个时候首先要与男孩共情，认可男孩不想去幼儿园的情绪，感同身受地体会男孩的难过之情，比如蹲下来抱抱他，允许他哭一会儿。然后，父母可以问男孩不想去幼儿园的原因，帮助他找到解决的办法。如果是因为想去游乐场，父母可以承诺周末带他去；如果是因为太瞌睡想在家睡觉，父母不妨告诉男孩可以在车里睡一会儿；如果到了幼儿园还瞌睡，可以帮他向老师申请一个小时的睡觉时间，等等。其中很关键的一点就是，父母要认可和包容男孩所有的情绪，并对男孩管理情绪的行为给予正确的引导。

学习如何表达情绪、识别情绪和管理情绪，是男孩人生中重要的一课。当男孩产生情绪波动时，父母可以这样进行引导：

一、如果男孩在学习或人际交往方面出了问题，他常常会表现得闷闷不乐，但通常情况下会憋在心里不愿意告诉父母。这个时候父母不应该逼迫他，而是应该创造舒适放松的环境，以轻松的口气问问他有什么心事可以与自己分享，这样更容易帮助他消除心中的抑郁，而且不会伤害他的自尊心。

二、当男孩情绪化地哭闹时，如果父母错误地加以处理，只会让场面失控。这个时候，父母首先要做的是控制自己的情绪，不要发怒，更不要立即指责和纠正他的不良行为。相反，父母要认可和安抚男孩的情绪，让他感受到来自父母的同情、理解和包容，等他情绪平静之后，再去告诉他应该怎么做。

三、当男孩大发脾气时，往往会失去理智，这个时候父母一定要保持冷静，不能用发更大的脾气或用暴力手段去压制他，这样只会适得其反。正确的做法是引导男孩把坏情绪宣泄出来，比如给他时间大哭一场，允许他在自己的房间里大吼大叫一会儿，或者让他看喜欢看的故事书、听喜欢听的音乐。等他把情绪发泄出来，不用父母哄，自己就好了。

四、当男孩顶嘴、争辩和无理取闹时，父母要做的不是去管理他的情绪，而是不去管。父母云淡风轻式的回应可以消除他的紧张情绪，比如父母可以说"你这样想我能理解，但我也没有更好的办法"，然后父母去做自己的事，对他的过激反应进行冷处理。没有关注和回应，他的不良情绪也会慢慢消散。

俗话说，有什么样的父母，就会有什么样的孩子。父母对男孩的管教过程，也是对男孩人格的塑造过程，所以在教导男孩管理情绪时，父母首先要学会控制自己的情绪。当男孩表现出各种不良情绪的时候，父母应抓住每一个时机，教给他应对各种不良情绪的方法，并让他感受到父母真挚的爱。相信在这种环境下长大的男孩，不仅能懂得很多道理，也可以情绪平和地过好自己的一生。

3

○
○

第 三 章

解读男孩不良行为的心理密码

○
○

撒谎密码：心理认知能力开始发展

心理学家费尔德曼说："我们常常会不自觉地向人家撒谎，而且很多时候连想也不想，谎言就随口而出了。"人是爱讲空话、大话、假话的动物，说谎似乎是人的天性，有时成人的世界也需要善意的谎言来维护和缓和人际关系。

父母大多能理解成人撒谎的心理，但面对撒谎的男孩，常常会忽视他的撒谎心理，常把撒谎与道德相联系，认为撒谎是品德不好的表现。其实，从儿童认知发展的角度来看，男孩有意无意的撒谎行为是他们社会认知能力不断发展的表现。

儿童有一种能力被心理学家称为"心理认知"，它是指儿童在成长的过程中，逐渐发展出一种对自己和他人心理状态的理解能力。随着儿童心理认知能力的发展，他们开始理解自己所思考的、所了解的、所感知的以及所相信的也许与其他人不同，并开始明白人们的许多行为是由他们自己的性格和认知水平所决定并推动的。

3岁以下的男孩不会撒谎，因为他不具备这种心理认知能力。这个年龄段的男孩还分不清想象与现实的区别，如同梦魇的人分不清梦境与现实一样，在他的脑海里还不能清晰地定义什么是真实的世界，什么是想象的世界。比如去过恐龙博物馆的男孩会说"我见过恐龙"；刚看完一场宇宙大作战电影的男孩会说"我去过外太空"。

3岁之后，男孩的心理认知能力开始发展，他开始对自己的内心有所觉察，知道什么事可以做，什么事不能做。3岁也是男孩自我意识初步形成的阶段，他往往只以自己的想法为出发点行事，觉察不出他人对自己行为的看法，所以总会撒一些显而易见的谎。比如把碗打翻了，他会说"桌子上的碗是自己掉落的"；接过爸爸手中的零食却不想给爸爸吃，便会说"这是我妈妈给我买的，你不能吃"。4岁以后，男孩的心理认知能力得到进一步发展，他开始对他人的内心有所觉察，能初步推断出他人对自己行为的看法。这个阶段的男孩当他发现自己的行为会使他人不悦或有可能使自己受到惩罚时，他往往会用撒谎来掩饰错误和推脱责任。但是由于他的执行能力发展得不是很成熟，不能对自己的言行进行有意识的控制，所以成人一般可以通过他的语言、动作和表情轻易识破他的谎言。比如不想写作业的男孩会假装肚子疼，但是随便一件令他兴奋或好奇的事立马让他原形毕露。对于男孩低龄阶段的无意识撒谎，父母只需要简单地纠正和预防即可；而对于大龄男孩有意识的撒谎，父母则需要采取措施进行正面的引导教育。

一、父母需以身作则

在日常生活中，男孩也许分不清哪些谎言是善意的，哪些是故意而为之，但他能很快学会父母说谎的行为。所以父母在为人处世时一定要言而有信，也许随口的一个谎言就会教出一个爱撒谎的男孩。

父母尤其不能对孩子撒谎，对他的承诺一定要兑现，即使做不到也要向他解释清楚，或用其他方法进行补偿。比如父母答应男孩写完作业带他去游乐场，但当男孩完成作业后，父母却不以为意地说"骗你玩的"，这样自以为可以哄骗男孩的行为不但会失信于男孩，还会使他自然而然地学会撒谎，并且由于缺乏负罪感，他会持续地撒谎。

二、不给男孩贴"撒谎"的标签

男孩撒谎有时是为了好玩，有时是迫于压力，以撒谎推脱责任来逃避父母的惩罚。他还不能正确地判断是非对错，认为撒谎只是为了帮助自己摆脱困境，更不会认为自己的行为是坏孩子的表现。如果这个时候父母把他的行为定义为实际意义上的撒谎，并以此批评他在道德和人品上有瑕疵，便会给男孩的内心留下阴影，最终导致恶劣的后果。他或许因此背负"撒谎"的标签，认为自己是个爱撒谎的坏小孩，不断地用撒谎的方式去反抗父母对自己的不理解。长此下去，他身上很可能会出现真正意义上的人品问题。

三、帮助男孩解决具体问题

男孩犯错时会因为害怕父母的指责、惩罚而撒谎，所以当父母与男孩进行沟通时，不要逼迫他承认错误，而应引导他客观地陈述事实，帮助他解决问题，并告诉他以后如何有效地避免此类问题发生。这样一来他便可以放心地说出自己的错误行为，从而改掉说谎的毛病。

四、正面激励男孩诚实的行为

父母在纠正男孩的撒谎行为时，可以向他讲述不撒谎的好处，在他认识到自己的撒谎行为并加以改正时，要及时表扬并鼓励他做一个诚实的孩子。当他言而有信地完成一件事时，父母可以着重强调他的守信行为，以此强化他做诚实守信男孩的信念。

所以在面对男孩撒谎这个问题时，父母一定要破解男孩撒谎的心理密码，了解男孩的心理需求，帮助他找到正确的解决途径。没有人天生爱撒谎，引导男孩做个诚实守信的人，男孩才会有更好的人生。

爱哭密码：哭泣效应

英国诗人丁尼生在他的诗中记录了这样一件事：人们将一名战死的士兵的尸首带到他的妻子面前时，他的妻子悲恸欲绝，神情呆滞。这时丁尼生对众人说："她必须哭，否则她将会死去。"但此时亡兵的妻子伤心到了极点，无法哭泣。后来奶娘将她的孩子带到她面前，她看见孩子，想起死去的丈夫，终于大哭起来，并且对孩子说："我的孩子，我为你活着。"

一场痛哭释放了亡兵妻子内心的悲痛，缓解了突如其来的打击对她心灵造成的极大创伤，同时让她勇于面对未来的生活。

人在极度痛苦和悲伤时，痛哭一场往往会产生积极的效应，可以防止人们沉沦在痛苦中无法自拔。情绪心理学家把这种人们因悲痛而哭泣并宣泄情绪、避免不幸后果的现象，称为"哭泣效应"。

在生活中，男孩可能会因为各种小事哭泣，比如，因为不小心摔倒了无人来扶而哇哇大哭，因为受到一点委屈或被父母严厉批评而泪流满面，等等。若这时父母上前开导或安慰男孩，他也许会哭得更厉害。其实，这也是一种"哭泣效应"的表现，适当地哭泣可以帮助他发泄情绪。但过度哭泣会使男孩身心疲惫，还可能出现吃不下饭、睡不着觉的情况，所以父母在男孩哭泣时，不要立即阻止，但也要把握好度，让哭泣适可而止。

寒寒和妈妈在小区的小花园里玩，寒寒手里摆弄着自己的小汽车，眼睛却紧盯着旁边荡秋千的一个小哥哥。

终于寒寒按捺不住，慢慢走过去对小哥哥说："哥哥，我帮你摇秋千吧。"

"不用，不用。"小哥哥像有人要抢自己的玩具似的，赶忙拒绝，生怕寒寒靠近他。

"哥哥，你还要玩多久？我也想玩。"寒寒一看讨好没用，于是说出自己的想法。

小哥哥这时的防备心理更重了，他对寒寒说："我还要玩很久很久，你去玩别的吧。"说完用脚猛地一撑，秋千一下荡得更高了。

寒寒听了，有点着急又不知所措，回头看向妈妈，委屈地哭了起来。妈妈连忙安慰他说："寒寒别着急，再等一会儿，等哥哥不玩了你再玩，好吗？"

寒寒乖巧地点点头，没想到这时小哥哥不乐意了，他冲着寒寒妈妈喊道："阿姨，我还要玩很久呢，你让他先去玩别的吧。"

这下寒寒可不干了，哭得更厉害了，嘴里还喊着："我要荡秋千！我就要荡秋千！"

寒寒的妈妈赶紧跑过去，把寒寒搂在怀里安慰道："寒寒等了很久，很想玩秋千是吗？可是哥哥一直在玩，寒寒着急了是吗？"

寒寒点点头，呜咽着说："哥哥还说不让我玩。"

妈妈轻轻拍着寒寒的背说："妈妈知道，妈妈刚才听到了，要不然，我们再想想其他办法怎么样？"

"什么办法？"很明显，妈妈的话转移了寒寒的注意力。

"你去和哥哥一起荡秋千，这样哥哥不用下来，你也可以玩，你说好不好？"

寒寒破涕为笑："好啊！"

寒寒又走到小哥哥面前，高兴地说："哥哥，我们一起荡秋千好不好？"

"不好！"小哥哥脱口而出，说完把头抬得老高，不再看寒寒。

寒寒像迷失在死胡同里的小孩，除了哭，没有一点办法。他一屁股坐到地上，不管不顾地大哭起来。

旁边一个好心的阿姨忍不住走过来对寒寒说："宝宝，不哭，不哭，让姐姐把跷跷板让给你玩，好不好？"

"我不，我就要荡秋千。"寒寒坐在地上，哭得不依不饶。

这时妈妈突然对好心的阿姨说："没事，让他哭，他哭一会儿心里就舒服了。"

阿姨不解地问道："这样不怕孩子哭坏吗？"

妈妈笑着说："孩子也需要释放情绪，让他哭一会儿，心情放松了，再去安慰他，他才能听进去。"

果然，过了一会儿，寒寒哭累了就不哭了。这时妈妈安慰他说："公共设施是大家共享的，是要讲究先后次序的。哥哥比你先来，可是哥哥还没有玩痛快，我们要么耐心等待，要么去玩其他的。我们下次早点来，比哥哥来得还早，你说好不好？"

寒寒点头表示同意。

妈妈赞赏地说："寒寒真乖，那现在你想玩什么？玩什么妈妈都陪着你。"

寒寒情绪好转，平静地说："我想和姐姐玩跷跷板。"

在男孩哭泣时，父母习惯性地用各种手段进行阻止，比如哄着说"宝宝乖，不哭，不哭"；威胁说"再哭就打你""再哭就不要你了"；呵斥说"闭嘴！不许哭！没出息！"等等，男孩只会哭得更厉害，因为他的情绪没有被大人理解和接受，再加上父母的恐吓和逼迫，只会增加他哭泣的欲望。

男孩和成人一样，受了委屈或诉求未被满足时都需要宣泄情绪，对于成人来说，宣泄情绪的方式很多，可对于男孩来说，哭泣是他能想到的最直接的宣泄方式。这时需要父母和男孩共情，接受他的哭泣，允许男孩哭一会儿，释放内心的不满情绪，等他平静下来，再给予正面的教导和安慰。

一般情况下，男孩在情绪得到宣泄后，都会停止哭泣，但在受到惊吓、持续用力哭泣、哭泣时间过长引起呼吸不畅等过度哭泣的情况下，就需要父母及时地拥抱安慰，给予其充足的安全感，满足他的情感需求。

当男孩哭泣时，父母可以从以下几个方面对其进行正面管教：一是共情他的哭泣心理，不吼不叫，以柔克刚；二是对他的"要挟"式哭泣不予回应；三是引导他用语言表达自己的需求和感受；四是适时给予安慰，避免其长时间哭泣。

父母在男孩哭泣时，往往会忽略其"先安慰再劝说"的情绪需求过程，造成"越止哭，男孩越哭"的局面。没有人在情绪不好的情况下愿意倾听别人的大道理，男孩也是一样，当他哭泣时，最需要的是宣泄情绪，还有就是父母的理解和包容。

"哭泣效应"告诉我们，哭泣可以排解情绪，使男孩心情舒畅，父母允许男孩适度地哭泣，才能更好地止哭。

好动密码：情绪宣泄的出口

旋旋在一岁生日那天学会了走路，在爸爸妈妈感动和幸福的泪水中，旋旋一次次从 5 米之外，一路跌跌撞撞地走到父母的怀里。自此，旋旋开始爬桌子，爬柜子，上板凳，上沙发，捉猫逗狗，蹦蹦跳跳。一开始妈妈只是担心旋旋这样好动不睡觉，会因为缺乏睡眠而影响大脑发育，后来听说这是注意力缺失的表现，妈妈买了许多训练注意力的书陪旋旋一起看，旋旋看书的时候很认真，但好动的症状丝毫没有改善。有人说好动是男孩的天性，也有人说这是多动症的表现，旋旋的妈妈对此忧心忡忡。

在生活中，我们经常会遇到好动的男孩，其实正常的好动是精力旺盛和身心健康的表现。

医学上所说的多动症是指"注意力缺陷多动障碍"（ADHD），又称"轻度脑功能障碍"。患有多动症的男孩，从出生开始到儿童时期，甚至青少年时期都会存在多动的症状，不会有明显的改善。而男孩的好动大多发生在幼儿时期，随着年龄的增长，好动程度会逐渐衰减。

此外，好动和多动症还可以通过以下四点进行区分：一是好动的男孩到了陌生环境，会因为紧张和害怕而保持安静，多动症男孩则在任何场合都不会安静下来；二是好动的男孩因需求不被满足才会哭闹，但在需求得到满足后则会安静下来，而多动症男孩不会因为需求得到满足而停止吵闹；三是好动的男孩有荣誉感，会因为奖励或惩罚控制自己的好动行为，多动症男孩则因为缺乏自制力而无法停下来；四是好动的男孩反应快，动作灵活，而多动症男孩反应迟钝，动作笨拙、失调。

总之，好动和多动症是有区别的，父母不能随便给男孩贴上"多动症"的标签，这会给男孩造成沉重的精神负担。

那么男孩正常好动的背后有哪些心理需求呢？

认知心理。男孩需要通过不同的行为来探索和认知这个世界，去了解这个世界上万事万物的能量、程度、局限以及是非对错。

取悦心理。男孩需要得到父母的认可，他会用多种行为来显示自己的力量和能力，希望能够取悦父母，获得父母的表扬和奖励。

被关注心理。男孩有被关注的心理需求，当父母过于忙碌无暇顾及男孩时，男孩会用好动甚至闯祸的方式来引起父母的注意，以满足自己渴望得到关注的心理需求。

另外，男孩也会因先天好动的性格和精力过剩而有好动的行为，父母需要了解男孩好动背后的心理需求，然后及时予以满足，并引导其释放过剩的精力，你会发现男孩好动的行为都是正常需求的表现。

有些多动症男孩，徘徊在好动与多动症中间的灰色地带，他们不是病理上的多动症，而是父母的儿童观和教育观出了问题。

这类多动症男孩的父母或过于严厉或过于溺爱，在错误的教育方式的影响下，男孩的心理被迫承受着巨大的压力，既然反抗不了来自大人的压力，多动的症状就成了男孩宣泄情绪的出口。

这种多动症男孩的父母大多拥有偏执型人格，他们不但打着"为孩子未来着想"的旗号，将自己的意愿强加在男孩身上，打乱男孩固有的生长节奏，造成男孩的苦闷和恐惧心理，而且这种父母的自我保护意识和控制欲极强，一旦男孩违背自己的意愿就严厉地对待男孩，不断地给男孩造成心理伤害。

一般情况下，多动症男孩所表现出来的行为和品格上的缺陷，大多可以通过心理学理论来解释，也可以通过正面管教来改变。所以，父母要改变男孩多动的症状，首先要从改变自己开始。当然，改变自己比改变男孩难得多，但父母不改变自己，男孩会在巨大的心理压力下发展出各种奇怪的畸形行为。

父母如果能改变自己原有的观念，多去关心和理解男孩，用心去倾听其多动背后的行为语言，会发现这一切都只是男孩不同的需求没被满足时的正常表现。

一棵树上尚且找不到两片相同的叶子，何况是生活在千差万别家庭中的男孩！他自然也会有千差万别的自我意识和行为表现。当男孩还不具有成熟的道德观、价值观、自我控制力以及对不良后果的可预见性时，他只知道宣泄自己，不懂得自律的意义。

教育家蒙台梭利说："儿童心理问题缺陷和精神病患主要是教育的

问题，而不是医学问题，教育训练比医疗更为有效。"她的基本的教育原则是"尽量减少对儿童主动性的干预"，即让孩子在自由的氛围里发展潜力，让他们身心健康地成长。

所以父母要关注男孩好动的心理需求，关爱和满足他们正当的需求，给予男孩正确的引导。爱男孩，不是把自己的意志强加给他，不是让男孩成为自己的傀儡，而是让他在好动里找到那个安静的自己。

大发雷霆密码：表示抗议

南朝时，有一位书法家叫王僧虔，他是"书圣"王羲之的后人，自幼秉承家学，书法声名冠绝当时。宋文帝赞叹说："王僧虔的字不仅在形态上比王献之的漂亮，在气势、骨力上也要高出一筹。"从此，王僧虔声名大振。齐高帝萧道成酷爱书法，常召作为内臣的王僧虔切磋书艺。一天，齐高帝和王僧虔在大殿上比试楷书，写完后众大臣上前观赏。齐高帝问大臣们谁写得更好，大臣们皆溜须拍马说皇帝写得好；齐高帝又问王僧虔谁写得好，王僧虔笑笑说："为臣的书法，人臣中第一；陛下的书法，皇帝中第一。"众人听罢一起叫好。齐高帝听出王僧虔的言外之意，不但不生气，反而引以为豪。

在以上典故中，当齐高帝给王僧虔出了道难题时，王僧虔巧妙地运用避雷针效应，不但替自己解了围，还使龙颜大悦。

所谓的避雷针效应，是指在高大建筑物顶端安装一个金属棒，通过金属线与埋在地下的一块金属板连接起来，利用金属的导电性，将云层所带的电流引入大地，从而保护建筑物避免雷击。它的寓意是：善疏则通，能导必安。

在生活和学习中，男孩会因为无法对抗各种压力而感到无助和无奈，当这种负面情绪累积到一定程度，男孩便会发脾气甚至暴怒。当暴风雨即将来临时，男孩闪电般的情绪会"劈中"身边的人和物，这时父母要做的不是生气和愤怒，而是利用避雷针效应及时疏导"闪电"，使男孩安静下来。

笑笑刚学英语的时候，可以说出一些英语单词，但一说到英语句子就很吃力。笑笑的英文名字叫 Happy，有一次妈妈给笑笑录英语视频，第一句是："Hello，I am Happy！"笑笑努力尝试了几次，仍然不能流利地说出来，于是他选择放弃。无论妈妈怎么教他，他不是装作没听见，在床上翻跟头，就是胡乱吐吐舌头说自己不会。

妈妈一时着急，脱口而出："你不是 Happy，我才是 Happy。"

笑笑一下发怒了，他说："你不是 Happy，我才是 Happy。"

妈妈意识到自己说错话了，连忙解释说："妈妈说错话了，妈妈不是这个意思。"

"道歉有什么用，你刚才都说我不是 Happy 了！"笑笑说完"哇"地哭了起来。

妈妈为了转移笑笑的注意力，故意问笑笑："宝宝，你这样哭是因为难过呢，还是因为生气呢？"

笑笑听到妈妈的问题，便开始思考，哭声自然小了，但最后他还是哭着说："又生气又难过。"

妈妈接着说："妈妈也有生气和难过的时候，但是妈妈不会哭。"

笑笑抬起头，好奇地望着妈妈说："为什么？"

妈妈把笑笑抱到怀里说："因为我的宝贝是笑笑，是 Happy，所以妈妈喜欢笑，不喜欢哭。"说完妈妈用力地亲了亲笑笑，笑笑被逗得咯咯大笑起来。他故意用很大的嗓门喊道："I am Happy！ I am Happy！"接下来的视频录制得很顺利。

录完视频后，妈妈说："刚才宝宝为什么又生气又难过呀？是因为妈妈说错话了，对不对？"

笑笑说："对。"

妈妈继续说："宝宝生气后哭闹，是为了向妈妈表示抗议，想说明自己才是 Happy，对不对？"

"嗯。"笑笑想起刚才的事，仿佛难过之情又萦绕在心头。

妈妈说："妈妈知道自己说错话了，但是如果你刚才不发脾气，而是直接告诉妈妈你的想法，也许事情可以解决得更顺利。妈妈知道当你生气时，你的小身体会很难受。"

笑笑点了点头。

妈妈继续说："你对妈妈发火，妈妈也很难受。"妈妈低下头，装作难过的样子。

笑笑看出妈妈的难过，过来拥抱妈妈。

在这个故事中，妈妈对待暴怒的男孩，及时利用了避雷针效应，通过理解男孩，帮男孩感知情绪、排解情绪和教男孩理解他人的情绪，疏导了他的愤怒情绪，男孩很快便安静了下来。

疏导男孩的负面情绪很有必要，但是我们也不能忽视男孩爱发脾气的问题。想要改变男孩爱发脾气的习惯，父母应该：一、以身作则，学会控制自己的愤怒情绪；二、在理解男孩情绪的前提下，引导他直接用语言说出自己的需求，而不是通过发脾气来表达；三、温和而坚决地拒绝男孩发脾气时的不合理需求；四、给予男孩更多的关注和陪伴。

生物学家达尔文说："脾气暴躁是人类较为卑劣的天性之一，人一旦发脾气就等于在人类进步的阶梯上倒退了一步。"从心理学上来看，男孩发脾气其实是因为某种心理需求未能得到满足，但是他们还不会控制自己的情绪，所以便会大发雷霆。这就需要父母善于利用避雷针效应，引导男孩平息愤怒情绪，同时给予他们更多的关爱。只有在充满爱的家庭中成长，男孩才会情绪稳定，性格温和。

说脏话密码：从众心理

有一则关于小学生说脏话的"三年级现象"的新闻备受关注，某晚报记者对这一现象进行调查后发现，小学生说脏话已成为一种普遍现象，一般从三年级开始出现苗头。这些学生无论成绩好坏，多多少少都会说脏话，而且说脏话现象还会传染，尤其是对于好奇心重、力量处于不断增长期的男孩来说，若在三年级出现说脏话的苗头不及时制止，到五六年级情况很可能会更加糟糕。

男孩说脏话受哪些因素影响呢？父母除了制止之外，还有什么更好的办法呢？

首先，从社会心理学上来说，男孩说脏话其实是一种从众心理。从众是指个人的观念与行为由于群体的引导和压力，不知不觉或不由自主地与多数人保持一致的社会心理现象，通常我们叫作"随大流"。

男孩所接触的人群中有说脏话者，男孩受他们行为的影响或迫于合群的心理需求，会不由自主地加入其中。在家庭里，若父母或长辈说脏话，男孩很容易模仿；在班级里，若身边的同学有说脏话的习惯，不说脏话的反而成了异类。在这样的环境下，男孩很容易出现盲目从众的行为。

父母可以采取以下三种办法，对说脏话的男孩进行管教。

一、冷处理

处在语言敏感期的年龄较小的男孩，模仿成人说脏话时自己并不确切地明白脏话的具体含义。当成人对男孩所说的脏话有强烈反应时，男孩的好奇心就会被激发，认为脏话具有特殊的力量，或者觉得说脏话很好玩，于是说得更起劲了。这个时候父母越是制止，他越好奇，越琢磨为什么父母不让自己说，反而提升了他对脏话的兴趣，出现"父母越不让说，男孩越喜欢说"的反常现象。因此，父母要学会冷处理，忽视孩子冷不丁冒出来的脏话，即使在他为引起你的注意而不断重复地说脏话时，父母也要表现出置之不理的态度，让他觉得说脏话没意思，这样他

◆ **男孩的正面管教**

就会逐渐失去说脏话的兴趣，顺利通过语言诅咒敏感期。

二、隔离脏话环境

随着互联网的兴起，孩子开始更多、更早地上网，极容易受网上不良信息的影响。尤其是网络游戏开始流行后，男孩说脏话现象变得更严重且呈现出低龄化趋势。在游戏社群里玩家良莠不齐，不乏出口成"脏"的玩家，即使是平日里乖巧文静的男孩进入这种不文明的环境，也会不自觉地冒出脏话。父母发现男孩玩网络游戏应及时制止，让他远离游戏社区，隔绝接触脏话的不良环境。同时，可以用单机的动脑和动手游戏代替网络游戏，这样也可以避免男孩由于自制力差，导致玩游戏时间过长，从而影响健康和学习。

另外父母要教导男孩在学校少接触或不接触说脏话的同学，告诉他什么话可以说，什么话不能说，做个老师和同学都喜欢的讲文明的男生。

三、以身作则

当男孩开始说脏话时，父母或长辈要深刻反思：孩子说脏话是不是从自己这儿学的？男孩的模仿能力很强，尤其是对自己亲近和喜爱的人更爱模仿，所以父母要养成在家中不说脏话的习惯，给孩子做个有教养、讲文明的榜样。

其次，说脏话是一种发泄情绪的手段。男孩在非常生气的时候，如果一时找不到合适的词汇来发泄心中的愤怒，骂人便成了最简单最直接的泄愤方式。当男孩与小伙伴发生争执而骂人时，父母不要痛斥，也不要偏袒，而是要坚定且温柔地告诉他骂人是不文明的行为，同时教给他一些发泄情绪的词汇和语句，比如可以教导他在生气的时候说"我现在很生气，请你走开""我想一个人待会儿""我现在不想和你说话""请你住口"等，这些语言可以帮助孩子表达内心的不满，并让负面情绪得到宣泄。

此外，有的男孩还存在习惯性骂人的情况。一旦形成说脏话的习惯，男孩会不分场合、不分情况、习惯性地出口成"脏"，把说脏话当成一种乐趣。对于这样的男孩，应采取暂时冷淡的态度，用不高兴的表情和严厉的语气告诉他这是一种不良行为，是不被大家喜欢的行为，教导他明辨是非，抑制他说脏话的欲望，帮助他慢慢改掉不良习惯。

曾子曾说："出辞气，斯远鄙倍矣。"意思是说人们在说话时应注意言辞语气，避免粗俗和乖戾。同一个意思，用不同的词汇和不同的语气说出来，效果大相径庭。所以，在男孩很小的时候，父母就应教给他常用的礼貌用语，比如"请""您好""谢谢""对不起""打扰了""没关系""再见"等。

父母要想教导出一个懂礼貌、不说脏话的男孩，首先自己要避免言辞刻薄、污言秽语。语言文明、语气温柔、语调平稳是与人为善的良好开端。

爱告状密码：依赖心理

家庭聚会时，棋棋和哥哥姐姐一见面就非常高兴，三个小孩似乎瞬间化作一个人，一会儿一窝蜂地跑到卧室，一会儿又跑到书房，三个人笑得人仰马翻。

可好景不长，过了一会儿，哥哥就红着眼眶跑到棋棋妈妈身边诉苦："舅妈，弟弟刚刚玩的时候打到我了，妹妹还把我的胳膊弄疼了。"哥哥刚走没多久，棋棋又跑过来对妈妈说："妈妈，哥哥抢我的玩具枪，还把子弹扔得到处都是，都扔到我脸上了。"后来，棋棋和哥哥干脆一起跑过来拉扯着棋棋妈妈，你一言我一语地诉说着对方的不是。

当男孩跑来告状时，有时候的确是出了点儿状况，但有时候根本没什么事儿，纯属小题大做。

爱告状似乎是每个男孩都会经历的成长过程，但是父母很担心他会成为爱打小报告、喜欢说三道四的人，同时也担心这样会影响他的人际关系，因为没有谁愿意和爱告状、喜欢说别人坏话的人做朋友。要解决这个难题，我们首先要搞清楚男孩爱告状行为背后的心理动机。

儿童心理学家说，3-5岁的孩子非常喜欢告状，而且这种行为的高峰期有时会持续到7岁，高峰期过后这种行为会随着年龄的增长自然消减直至消失。但在7岁之前，男孩正处于是非判断能力和独立处理事情的能力都比较弱的时期，他们爱向大人告状，其实是依赖心理在作祟，希望大人帮自己判断是非和处理难题。

具体到生活中，男孩爱告状一般有以下几种心理动机：坚守规则、获得关注、宣泄情绪和寻求帮助。对此，父母要有针对性地进行正面管教与引导。

一、为维护心理秩序和坚守规则而告状

开篇所讲的故事中，棋棋跑到妈妈面前说哥哥把子弹扔得到处都是，其实是在讲哥哥不遵守规则。父母教给男孩一些基本的规则后，他会在心里形成自己的规则秩序，若有人违反这些规则，就会对他的心理

造成侵犯，所以他会拼命去坚守规则，从而维持自己内心秩序的稳定。在3-5岁男孩的世界里，规则是固定的，非黑即白，没有灰色地带。直到他们长到7岁以后才能对规则有进一步的理解，才开始从他的自我世界走出来，学会理解和包容他人。

当男孩跑来告状时，父母不要劈头盖脸地指责男孩爱告状，更不能用"多大点事""这么小气"等不以为然的话语来敷衍他。孩子的事，没有小事。男孩每个微小行为的背后都隐藏着一种特定的心理，父母要摸清他的告状动机，肯定他坚守规则的勇气，同时还可以以此作为教育良机，引导他养成遵守规则的习惯。故事中的棋棋妈妈是这样对棋棋说的："棋棋说得对，哥哥不应该乱扔东西，我们要告诉哥哥不能乱扔东西哦！妈妈相信棋棋绝不会乱扔东西，会给哥哥做个好榜样。"

二、为获得父母的关注和肯定而告状

渴望得到成人的关注和夸奖，是男孩幼儿时期的一种普遍心理。他们会通过告状——揭发他人做的"错事"，让成人看到自己的良好表现，从而得到关注和肯定。这类男孩通常会这样告状："他乱扔垃圾，我就没有""他把书包弄得很乱，我的就很整齐""他吃饭不洗手，我每次都洗得干干净净"等。一般表现欲强和沉默寡言的男孩都会这样告状，表现欲强的是为了表现自己从而获得父母的夸赞，沉默寡言的是为了赢得父母的关注。

在这种情况下，父母首先要对男孩正确的行为表示肯定和赞扬，男孩一旦感觉到自己正确的判断得到了肯定，他便能把正确的是非观融入自己的价值观中。其次父母还可以告诉男孩，以后见到这种行为可以提醒对方，比如提醒对方"把手洗干净才能吃饭，否则会生病""不能随便拿别人的东西，这样做是不对的"等，这样既可以帮助男孩形成正确的价值观，还能使他养成良好的行为习惯。

三、在受了委屈时通过告状来宣泄情绪和寻求帮助

故事中的哥哥红着眼睛对舅妈诉说弟弟妹妹的"罪状"，很显然他是受了委屈来找舅妈诉苦，宣泄委屈的情绪，并希望舅妈在这件事上出面帮他主持公道。

这个时候，家长首先要认真倾听男孩的诉说，共情男孩的情绪，当男孩诉说完，紧张的情绪大概已释放一半。家长切忌敷衍或表现得心不

在焉。家长的敷衍会让男孩感觉更委屈，负面情绪得不到释放，反而会累积下来，累积到一定程度就会爆发。在男孩由于紧张或生气讲述不清事情的经过时，家长可以通过提问帮助男孩回忆，同时给予安慰，表示出足够真诚的同情和关爱。

其次，家长要弄清楚事情的原委，对症处理。家长不能对男孩的告状置之不理，但也不能只听信告状男孩的一面之词，而是要在了解事情的真相和男孩告状的具体原因后，采取恰当的应对措施。对有理的告状要给予肯定，并帮助男孩解开心结，释放心里的委屈；对于无中生有的告状，家长要耐心地和男孩沟通，理解并满足男孩的心理需求，在男孩情绪稳定以后，温和且坚定地通过讲道理的方式纠正男孩的告状行为，帮助他明白正确的为人处世之道。

最后，家长可以鼓励男孩自己解决问题。喜欢告状说明男孩的独立性需要进一步加强，家长可以抓住机会，帮助男孩提高独立处理问题的能力。比如问男孩"你觉得这个问题应该怎么处理"，让男孩在发泄完情绪之后学会独立思考、独立地处理问题。

比如故事中的舅妈可以这样对待哥哥的告状：认真倾听男孩对弟弟妹妹的不满，让他说出事情的经过和一肚子的委屈，给予真诚的安慰，比如摸摸他的头，帮他揉揉胳膊什么的；然后找另外两个孩子核实事情的经过，了解打人这件事的前因后果，若男孩所说的一切属实，就让弟弟妹妹给哥哥道歉，若哥哥也有打人的行为，就让他们互相道歉；最后试着引导哥哥换位思考，请他原谅弟弟妹妹，可以让哥哥给弟弟妹妹讲讲为什么不能打人，从受害者变成施教者，帮助孩子们一起树立正确的道德观。

"爱告状时期"是男孩独立性差、依赖心理强的时期，也是男孩人际交往能力和处理问题的能力快速提高的重要时期。

心理学家说，孩子长大后所缺少的品质，一般是在儿童时期没有被及时满足的相应需求。所以父母在这一时期要有足够的耐心，要给予男孩足够的关爱，让男孩在寻找依赖的路上有所依赖，逐渐变成一个独立性强、处事能力强和交际能力强的人。

不专注密码：认知混乱

俗话说："无志之人常立志，有志之人立长志。"意思是说，没志气的人，经常立志，却不能践行；有志气的人，立一次志，终生践行。做事专注是一种难得的品质，养成专注的好习惯，可以使男孩受益终身。

儿童教育家 M.S. 斯特纳认为，孩子只有先形成一种专心的习惯，才有可能在日后对自己的事业全身心投入，不会被其他事情所干扰。

但在生活中，男孩经常出现做事"三分钟热度"的状况，不仅兴趣爱好变来变去，连正在做的一件事也常常半途而废。

小男孩做事不专心其实是一种正常现象，受年龄较小和心智尚浅的局限，一般来说4岁男孩的专注力不超过10分钟，所以逼迫小男孩专注并不符合男孩的成长规律。引导小男孩做事专注还是要以兴趣为主，只要是男孩真正感兴趣的事，他专心投入的程度有时连成人都自愧不如。

蒙台梭利在《童年的秘密》一书中讲述了她观察到的一件小事：一个3岁的孩子，反反复复地把一系列圆柱体放入小孔内，然后再一一取出。如此反复操作，完全不受老师和其他小朋友在旁边走动的影响，孩子安安静静、全神贯注地重复这项练习，重复了42遍，最终停了下来，嘴角露出满意的微笑。

由此可见，当男孩沉浸于一件事情中时，即使是一件简单、重复的事，男孩也可以表现出比成人更多的耐心和专注力，这是孩子相对于成人的优势。

单从这种优势来看，让男孩专注做事仿佛并不是一件很困难的事，可是为什么还有那么多男孩会出现钢琴刚学一个月就想放弃、上课不专心听讲、边做作业边玩、无法专心致志地看书等注意力不集中的问题呢？

研究结果显示，导致男孩专注力不足的原因主要有两个：一是主观原因，由于男孩的认知能力和自控能力发育不完善，缺乏崇高的目标和自我管理的能力；另一个是客观原因，由于男孩所处的生活、学习环境中存在过多干扰，导致男孩认知混乱，无法专注地做一件事情。除此之外，父母也应该进行反思，自己的哪些行为对男孩造成了不好的影响？

一、父母"一心二用"影响男孩的做事习惯

对于成人来说，有时一边做一些简单的脑力劳动一边顺手做些体力活儿是一件很享受的事，但有时也会因为"一心二用"把事情搞砸。而对于正处于专注力形成期的男孩来说，父母"一心二用"的行为，往往会阻碍男孩养成专心做一件事的习惯。

有些父母从男孩出生伊始就一边看孩子，一边做其他的事。比如有的父母一边带孩子，一边看手机；一边给孩子喂饭，一边看电视，等等。男孩潜移默化地受到父母这些行为的影响，从小就养成了不专心做事的习惯。等到男孩上学了，有的父母一边陪男孩做作业，一边玩游戏；一边陪男孩读书，一边听歌。这又加固了男孩做事分心的坏习惯，尽管父母嘴里叮嘱男孩要专心做一件事，自己却做不到，当男孩反问父母时，有的父母便拿"我是大人，你是小孩"的封建家长制作风来压制男孩的不满，这样不仅不会让男孩养成专注做事的习惯，反而会激起男孩的反抗心理。

所以父母一定要给男孩做出好的示范，在照顾男孩时就专心照顾，不要一心二用，否则男孩会觉得自己不被重视，同时在模仿心理的驱使下也会养成做事三心二意的坏习惯。此外，父母千万不要鼓励男孩一心二用，比如为了让男孩学到更多东西或充分利用时间，一边让男孩玩玩具，一边让男孩听英语。这确实是一种节省时间的好办法，可是对于培养男孩的专注力来说是不利的，同时做两件事，互相干扰，往往两件事都做不好。

二、父母总打断男孩做事的节奏，不能为男孩营造专注做事的外部环境

有的父母不管男孩是否在专心地做一件事，往往按照自己的节奏，简单粗暴地命令男孩立刻去做另一件事。比如当男孩正在专注地搭积木时，父母让男孩赶快去洗手吃饭。倘若男孩继续玩，父母便斥责男孩不听话。男孩不希望自己正在做的事情被强制性打断，父母的武断行为破坏了男孩专注做事的外部环境，专注力自然无法培养起来。

还有的父母喜欢打着"陪伴"的旗号事事替男孩做主。比如男孩玩

玩具时，父母着急地在一旁指手画脚，不给男孩自主研究的时间；男孩写作业时，父母在一旁一边督促，一边纠正错误，不给男孩独立思考的机会。男孩的思路不停地被打断，方法不停地被纠正，还要随时回应父母的指挥，在这种情况下，是不可能全神贯注地做一件事的。

父母陪伴男孩很重要，但学会有效陪伴更重要，像这种借"陪伴"之名反复打断男孩做事节奏的陪伴，不仅不利于男孩的成长，还会成为男孩养成专注习惯的绊脚石。

三、父母忽略男孩的兴趣，为男孩报太多的课外辅导班，造成男孩专注力分散

男孩能专注地去做的事，一定是他感兴趣的事。父母不能简单地将男孩做事不专心归结为男孩专注力不够。父母应该想想这件事是否是男孩真正喜欢的，思考一下应如何提高男孩做事的兴趣，从而使男孩专注于此事。

对于男孩来说，看动画片、打游戏一定是有趣的，不需要父母督促，他自己便能从中获得感官上的快乐；而学习从表面上看不是一件有趣的事，这时就需要父母帮助男孩扫除学习中遇到的障碍，提高男孩对学习的兴趣。

此外，有的父母抱有一种怕男孩"输在起跑线上"的心理，给男孩报许多课外辅导班，使男孩担负密集的学习任务，男孩的注意力不断地从一件事切换到另一件事上，造成男孩的认知负担。紧张的节奏和过重的压力容易使男孩分心，很难养成专注的习惯。

做事半途而废的成人处处可见，我们常能以宽容之心理解成人的畏难情绪，所以面对做事"三分钟热度"的男孩，父母也要怀着一颗包容和理解的心，耐心地引导男孩梳理他的任务和计划，提升男孩做事的兴趣，循序渐进地培养出一个"立长志"而非"常立志"的专注度高的男孩。

拖延密码：自我调节失败

小学语文课本里有一个寒号鸟的寓言故事。

寒号鸟住在山脚下的石崖缝里，喜鹊住在石崖旁的杨树上，它们成了邻居。几阵秋风吹过，叶落冬近，喜鹊趁天气晴朗出门寻找枯枝垒巢，准备过冬，寒号鸟却整天飞出去玩，累了就回来睡觉。

喜鹊说："寒号鸟，别睡觉，大好晴天，赶快垒巢。"

寒号鸟躺在崖缝里说："傻喜鹊，不要吵，太阳暖和，正好睡觉。"

转眼秋尽冬来，寒风刺骨，喜鹊住在温暖的窝里，寒号鸟却在冰冷的崖缝里打哆嗦，它悲哀地说："哆啰啰，哆啰啰，寒风冻死我，明天就垒窝。"

第二天，风停了，天气晴朗，阳光明媚，喜鹊劝寒号鸟："趁天晴，快垒巢，现在懒惰，将来糟糕。"

寒号鸟还是不听劝告，伸伸懒腰说："傻喜鹊，真啰唆，太阳暖和，得过且过。"

寒冬腊月，大雪纷飞，北风狂吼，河面结冰。在一个寒冷的夜晚，当喜鹊在温暖的窝里熟睡时，寒号鸟发出了最后的哀号："哆啰啰，哆啰啰，寒风冻死我，明天就垒窝。"

天亮了，阳光暖洋洋地照耀大地，寒号鸟却没等来它的"明天"，在半夜里被冻死了。

故事中的寒号鸟，因为一次次拖延垒窝的时间，最后冻死在冬夜里，正如清代钱福在《明日歌》中所言："明日复明日，明日何其多。我生待明日，万事成蹉跎。"当今社会，"拖延症"似乎成了一种通病，不少男孩亦有这种毛病。在生活中，不少男孩常有吃饭、洗漱、穿衣拖拖拉拉、上学迟到，做事磨蹭的现象，这都是拖延症的征兆，若父母不及时管教，一旦形成拖延的习惯，男孩不仅做事效率低下，而且这种不好的习惯还会从生活中迁移到学习、工作、与人交往中，其结果是一事无成。拖延症主要有三种类型，父母只有明了男孩的拖延症属于哪一种，才能对症下药。

第一种是期限性拖延，这是最普遍的一种拖延症。当面对明天要交作业、周五要考试这种需限期完成的任务时，拖延症男孩蹦到脑子里的第一个想法是：时间还早，先玩一会儿吧。然后男孩就高高兴兴地和小伙伴玩耍去了，等到最后期限临近时，男孩开始焦虑不安，不得不熬夜写作业或复习功课。个别拖延症严重的男孩，就算时间已经来不及了，还是忍不住要先玩一会儿，最后造成的后果就是作业写得马马虎虎，考试复习走马观花，学习就这样被拖延症耽误了。

第二种是自设障碍拖延症，也是最影响男孩成长和发展的拖延症，在极端的情况下，可能会导致男孩自我否定和抑郁，缺乏幸福感。自设障碍拖延症男孩为了推迟完成任务，会凭空想象出各种困难，然后心安理得地推迟任务。比如男孩不想努力学习，他会抱怨老师不公平、学校环境不好、学习内容太难，把自己拖延不想学习的原因都归为外因，认为自己学不好都是别人的错。自设障碍拖延症同时伴随着很大的心理压力，男孩会感到紧张、焦虑，甚至觉得整个世界都充满了困难，自己无能为力，进而对人生失望，自暴自弃。

第三种是分心拖延症，这是信息大爆炸时代的产物。随着互联网的普及和发展，孩子们越来越早地接触到手机和网络，年龄稍大一点的男孩几乎人手一部手机。尤其是在家里，男孩声称自己需要通过手机接收作业或联系同学讨论问题，手机几乎一刻也不离手。但实际上他在写作业时，一会儿一条微信或 QQ 信息，一会儿又是新奇有趣的新闻提醒，男孩常会分心，随便和同学、朋友聊几句或各种网页浏览一下，几十分钟就过去了，毕竟聊天、上网比做作业好玩多了，更具诱惑力。

拖延症会影响男孩一生的做事习惯，让男孩用意志力去战胜拖延症，显然是不现实的，就算是自控力更强的成人恐怕也难以做到。父母在破解男孩拖延症的心理密码之后，可以尝试用以下四种科学的方法来应对。

一、教导男孩珍惜时间，帮助男孩树立时间观念

鲁迅先生说，浪费别人的时间等于谋财害命，浪费自己的时间等于慢性自杀。父母从小就要教导男孩珍惜时间。男孩如果在小时候没有培养起守时的观念，时间久了就会形成拖拉、懒散的习惯。比如上学爱迟到的男孩，往往和朋友约会也会迟到，长大后上班也会迟到，很难适应集体纪律的约束。所以对于没有时间观念的男孩，父母要严格执行每一次规定的时间，让男孩感知五分钟、半小时的具体时长，在做事时有紧张感，主动提高做事效率，养成按时完成任务的好习惯。

二、在男孩拖延的事情上设立截止期限

达尔文写《物种起源》时，因为没有时间限制，他整整拖了二十年。达·芬奇一生创作了六千多页手稿，但他真正完成的作品却很少，一辈子只画了二十多幅画。像《最后的晚餐》画了三年，《蒙娜丽莎》画了四年，他还因为拖延和当时的许多机构闹翻。去世前，他在笔记里写道："告诉我，告诉我，我到底有哪件事情是完成了的？"没有截止日期，一件作品就可以慢慢地画、一次次地改，他也很难感受到彻底完成一件事的成就感。可见，没有时间限制，就算是伟人也会被拖延症所害，孤独地品尝挫败感。所以在男孩总是拖延的事情上，父母不妨为他设置最后的期限，增强男孩做事的责任感，让他多体验完成任务后的成就感，如此进入良性循环，男孩拖延的习惯自然会得到改善。

三、帮助男孩用理智战胜拖延情绪

心理学上有一个非常有意思的比喻：情绪是一匹马，而理智是这匹马上的骑士。马代表我们本能的情绪：当遇到压力、困难和挫折时，马儿感到恐惧和痛苦，就飞快地逃跑；当感到兴奋、愉悦和满怀激情时，马儿感到快乐，就小跑着迎上去。马儿的特点是感觉灵敏，反应迅速，能预知危险并提前带着骑士逃跑，但马儿只靠本能行动，不会判断本能是否正确。骑士则不同，他是一个会思考的人，能够通过推理、判断做出决定，能够控制自己和马儿的行为。

拖延症男孩在面对任务时，本能情绪就会跑出来，抗拒劳作，想尽办法逃避；但面对娱乐和游戏时，就会不由自主凑上去，忘记自己还有许多未完成的任务。这个时候就需要骑士出场控制马儿，比如男孩在面对一堆作业时，父母可以帮男孩把作业分解成一个个小任务，规划好时间，并告诉男孩做完作业有什么奖励，控制男孩情绪的马儿不乱跑。只有这样，男孩才能正视自己有任务需要完成的事实，并努力去把它完成。在具体操作中，父母千万不能把男孩逼得太紧，完成一个小任务可以让男孩情绪的马儿撒撒欢儿，让男孩站起来活动活动，喝喝水，休息

一会儿，等男孩高兴了再继续去做接下来的任务。

四、改变男孩所处的环境

如果想让一个刚上小学的男孩专心地写作业，那么父母就要把他放在一个安静的环境里，旁边不能播放动画片，否则他左瞟一眼，右听一耳朵，拖拖拉拉，肯定不会好好写作业。拖拉的本能需要强大的理智来约束，对于男孩来说，他的自制力不足，所以一定要为他营造一个良好的外部环境。

对于爱拖延的男孩，父母一定要耐心教导，放弃一味催促的做法，尝试用科学的方法，引导男孩驾驭情绪和欲望，合理规划时间，获得完成一件任务后的高峰体验。只有能掌控此时此刻的人，才能掌控自己的未来。

◆ **男孩的正面管教**

执拗密码：秩序敏感期来临

闹闹从 3 岁开始出现了一些执拗的行为，让妈妈百思不得其解。

有人敲门时，必须由他问"你是谁"，然后由他开门，否则人家进来了也得退出去，由他重新开门。如果是他敲门，家里人不能不问是谁就开门，否则他会把门关上，重来一次。如果不按他的意愿来，他就会不依不饶地大哭大闹。

再比如喝水必须用自己的杯子，坚决不用爸爸妈妈的杯子；吃饭时自己的碗必须自己去厨房端，大人帮忙端过来也得端回去，他再自己去端；吃水果必须自己剥皮，大人剥开递到他手里，他死活不吃。

男孩有这些执拗的行为，常被父母看作是"任性"和"没事找事"，其实这是男孩秩序敏感期来临的缘故。

儿童的执拗来自与生俱来的秩序感。在《童年的秘密》一书中，教育家蒙台梭利指出，孩子在 0~4 岁时处于秩序敏感期，他需要一个有秩序的环境来帮助他感知情感、认知世界。一旦他熟悉的环境被破坏，他就会不安、哭闹，变得无所适从。

在秩序敏感期，随着年龄的增长，男孩会有不同的表现。刚出生的男孩会因为秩序被破坏而立即大声哭闹，秩序得以恢复就会安静下来；当男孩的自我意识觉醒时，他便开始用抗拒和拒绝的方式来彰显自己的意志力，对父母的话不管认同与否、喜欢与否，都会习惯性地说"不"；等到男孩将秩序上升到意识层面时，就会表现出执拗和不妥协，任何事不遵照他的秩序都需要重来一次。

男孩一般在 4 岁以后，会将外在的具体秩序延伸到内在的心理秩序，他开始喜欢遵守规则，这也是培养男孩优秀道德品质的基石，关乎男孩长大后的道德素养、文明素养和是否具有安全感。

男孩在秩序敏感期会为维护某种秩序变得执拗，秩序一旦形成，他就会不由自主地去维护，但有时男孩的要求会被父母拒绝，这时男孩就会焦虑，发脾气，哭闹不止。父母应该用足够的耐心去安抚孩子的情绪，不能以呵斥和责怪的方式粗暴地拒绝男孩的要求。如果男孩的内在心理秩序被权威代替，男孩就会失去自我，表现得害怕父母、不敢做决定、胆小怯懦。在这种无秩序的内心环境下，男孩会丧失安全感，早早接触到丛林法则，屈从于大人的想法行事，致使长大后丧失许多优秀品格。

父母可以从以下几方面入手，正确应对男孩的执拗问题，为男孩提供一个有秩序的环境。

一、父母要理解男孩，帮他获得对秩序的掌控感

秩序敏感期是男孩成长道路上必会经历的一个过程，也是培养男孩良好人格的开端。父母要理解男孩在建构秩序感这一特殊时期的执拗行为，尊重男孩心里想要恢复秩序的想法，在男孩因秩序被破坏而哭闹时，耐心地倾听并给予温暖的关怀。对于男孩不太过分的要求，可以按照男孩的意愿去做，让男孩对秩序拥有掌控感；对于男孩过分的、破坏原则的要求，父母不能满足时，要运用智慧和技巧通过变通的方式消除男孩秩序感被破坏的沮丧心情，比如拥抱他，亲吻他，站在他的角度寻找替代目标，把秩序感转移到别的事物上，虽然事情不同了，但仍然能帮助男孩建立秩序感。

二、父母要尽量为男孩提供一个有秩序的环境

男孩在秩序敏感期会把规则内化到身体、内心和情绪里，从而获得心智秩序，最后延续成道德品质。父母要为男孩提供一个有秩序的环境，这样才能让男孩的各种品质得到均衡发展，养成遵守规则、公平待人、勇于自省、严格自律等美好品德。

在生活中，父母要尽量固定男孩有关物品的摆放位置，男孩关注的事情按固定顺序操作，尽可能地满足男孩对外在事物秩序化的渴望。父母还要注意固定居所，避免经常搬家和给孩子经常换幼儿园，避免长时间地旅行和奔波。倘若遇到这种情况也要提前做好准备，比如搬家时将家具一起搬过去，摆成从前的模样，出门旅游携带男孩依恋和喜欢的物品，帮男孩安稳地度过秩序敏感期。

三、父母要给男孩自己维持心理秩序感的空间

内心的秩序感要求男孩做一个"内化于心的规则"的执行者，在男孩看来，人人都应遵守秩序，如果有人违反，他就会站出来坚决地维护秩序。也许男孩因此会和伙伴们发生矛盾和误会，这时父母不要贸然介

入。在男孩需要的情况下可以提供参考建议，但不要插手男孩维护秩序的过程。要让男孩有自己把控秩序的自由，逐渐建立自己的心理秩序。

　　秩序敏感期结束后，紧接着是男孩追求秩序完美敏感期的来临，男孩开始对规则有所要求，做事可能会一板一眼，甚至严苛到吹毛求疵的地步。父母顺利地帮男孩度过秩序敏感期后，男孩会对秩序和规则高度敏感，为逐渐形成优秀的品质打下良好的基础。

"永远第一"密码：自我意识觉醒

漫漫4岁的时候，开始对"当第一名"有一种迷之自信。在他看来，他永远是第一名，也只能是他得第一名，爸爸妈妈得不行，好朋友得也不行。

漫漫喜欢和妈妈玩龟兔赛跑的游戏，妈妈抱着小兔玩偶跑到一半假装睡着了，漫漫就抱着乌龟玩偶悄悄超过妈妈，最终在"兔子"醒来的时候抵达终点，获得第一名，这个时候漫漫非常开心。可当角色互换，妈妈抱着乌龟玩偶一点点超过睡着的"兔子"时，漫漫不愿意了，他说他的"兔子"睡觉时也会跑，或者睡一秒钟就会醒，最终漫漫的"兔子"也获得了第一名。总之，在漫漫看来，他的玩偶和他一样，只能得第一名，必须得第一名。

有时妈妈为了告诉漫漫"乌龟坚持不懈最终跑赢睡觉偷懒的兔子"这个道理，在扮演乌龟时加速超过漫漫的"兔子"，第一个跑到终点，这时漫漫彻底不干了，坐在地上大哭大叫："你不能当第一名，我才是第一名！"妈妈为了安抚漫漫，立即转变立场说："妈妈错了，乌龟不应该跑这么快的，你是第一名。"即使妈妈这样说，漫漫依旧不依不饶："不行，你已经得第一名了，你不能得第一名。"然后接着哭闹个不停。

漫漫和爸爸玩奥特曼打小怪兽的游戏时也是如此，漫漫只愿意当奥特曼，让爸爸不停地扮演各种怪兽，而且每次必须是怪兽被打趴下。有时爸爸为了让妈妈参与进来，对漫漫说："小奥特曼，你是打不过我的，快去召唤奥特曼之母吧。"然后轻轻地把漫漫放倒，这时漫漫立马不干了，一边爬起来一边哭喊着："奥特曼是不能输的，你不能把我打倒，呜呜呜。"

很多父母都会遇到这种情况，无论什么比赛男孩永远想当第一名，几乎所有的事，男孩都希望自己做得比别人好。当得不到第一名时，男孩要么哭闹，要么就撒谎说自己是第一名。对于男孩这种"只能赢不能输"的心理，很多父母经常是束手无策。

其实在这种时候父母需要肯定男孩做出的努力，鼓励他继续勇往直前，告诉他当第一名需要付出比别人更多的努力，至于要不要去争当第一名，让男孩自己决定。

男孩这种"争当第一"的行为是处于好胜心爆棚期的正常现象，也是男孩的自我意识逐渐觉醒的表现。

在这一时期，爆棚的好胜心不允许男孩输，否则他的自尊心会受不了，自我怀疑和自我否定随之而来，这时男孩往往会情绪失控，或者要求重来一次，以求重建自尊心和自信心。

一般从4岁开始，男孩的自尊心渐渐觉醒，不能接受任何批评和否定。由于受到年龄和心智发展水平的限制，这时的男孩很难区分自己的预期能力和实际能力，往往还会低估任务的难度，从而对自己产生过高的期望，所以会有"输不起"的表现。

作为父母，如何对男孩子进行管教，才能既保护男孩的自尊，又让男孩明白理想与现实之间的差距呢？

一、父母不要给男孩灌输"永当第一"的思想

有的父母为了哄男孩吃饭，硬把吃饭和输赢捆绑在一起，比如对男孩说"谁吃得最快，谁就是最棒的""宝宝今天好好吃饭，明天就能比幼儿园的其他小朋友厉害哦"。

把吃饭这种每天都要做的事也拿来作为比赛项目，不仅强化了男孩争当第一、害怕失败的心理，而且不利于男孩养成良好的饮食习惯。

在电影《银河补习班》中，教导主任固执地信奉"永争第一名"的教育理念，结果亲手酿造了一出让人扼腕叹息的人间悲剧。

在全市最好的中学里，教导主任对学生要求非常严格，他的成就感来自于他办公室墙上那些奖状，那是历届优秀学生在各种考试和竞赛中获得第一名的奖状。他把毕生精力都奉献给了教育事业，学校也培养出了很多考入名牌大学的学生，可是他的教育依旧是失败的，因为他亲手把自己的儿子逼成了疯子。

教导主任年轻时从孤儿院领回一个小男孩，对他寄予很高的期望，从小用心栽培。男孩也很争气，学习成绩一直名列前茅，最终以全省状元的身份考入名校。在大学期间，有一次男孩考试没考好，拿着不及格的试卷想和父亲谈谈，期待得到父亲的安慰和谅解，但这位教导主任却把儿子拒之门外，从此不管不问，希望他能从中吸取教训，重新夺得第一名。可事实正好相反，男孩在学业上深受打击，又被父亲嫌弃，最终精神崩溃，变成了疯子。

父母对男孩寄予期望、用心栽培是一件好事，可是期望同时也是压力，过高的期望会让男孩不堪重负。就像这部电影中，教导主任的儿子在自己的城市一直出类拔萃，可是到了清华、北大这种全国名校，每个学生都是各个省市的尖子生，强强相遇，总会有人相对落后，这时那位教导主任还希望男孩去争当第一名，悲剧自然就发生了。

当男孩在学业上遇到困难时，身为父母当应理解和鼓励男孩，让他有勇气和信心振作起来，奋起直追。毕竟父母是孩子最后的靠山。

二、激发男孩自我发展的内在驱动力

父母如果希望男孩勇敢地面对挑战和挫折，最好的办法是激发男孩自我发展的内驱力。父母要相信男孩，让他自己做出选择，并理解、支持和尊重他的选择，让男孩看到只要足够努力，无论结果如何，他都是值得被鼓励和被肯定的。

同样是在电影《银河补习班》中，另一个男孩的爸爸在教育理念、教育方法上和教导主任形成了鲜明的对比，结局也大相径庭。

这个男孩从小学习成绩不好，被老师和同学讥讽嘲笑，只有他的爸爸坚定地告诉他："只要你肯动脑子，你就可以做到你想做的事。学习成绩的好与坏不是你人生最重要的事，最重要的事是你要找到你的人生目标，然后通过自己的努力实现它。"男孩在爸爸的鼓励下，成绩取得了很大的进步，虽然不是名列前茅，但他做事肯动脑筋，愿意为梦想付出努力，最后成了一名优秀的航天员。

这位爸爸的成功之处在于他不仅教出一个优秀的航天员，还教出一个爱思考、在危难时刻能爆发出内在驱动力的儿子。男孩利用内在潜能成功地逃过了两次生死劫，一次是在洪水中，男孩在快被洪水淹没的危急时刻，自制漂浮船，不停地闪着手电筒的光发出求救信号，最终获救；另一次是男孩去太空执行任务，飞船发生故障，和指挥部失去联系，在队长都束手无策的情况下，男孩冒着生命危险，凭借非凡的勇气和过人的聪明才智修复了故障，最终驾驶飞船成功返回地球。

成功和"第一"不能画等号，男孩成功的动力源于热爱，他知道自己想要的是什么并自觉地为之努力。强大的内驱力，才是男孩成功的法宝。

父母要教导男孩以平常心对待输赢，懂得"胜败乃兵家常事"。只要一直在努力，一直在进步就行，是不是第一名又有什么关系？

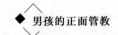

4

第四章

改掉男孩的坏毛病

改掉男孩不守规矩的坏毛病

很久以前，有一个人在沙漠里迷失了方向，在饥渴难耐、濒临死亡的关键时刻，他发现了一个废弃的小屋。屋前有一个吸水器，他用力去抽水，可是一滴水也抽不上来。他很失望，但很快他又发现吸水器旁边有一个水壶，上面贴着一张纸条："一、先把这壶水灌到吸水器中，这样才能抽出水来。二、在你走之前一定要把水壶装满。"这个人小心翼翼地打开水壶的盖子，里面果然有一壶水，这时的他既高兴又纠结，因为他面临着一个艰难的选择：按照纸条上写的去做，如果吸水器没抽出水来，岂不浪费了这唯一的救命之水？如果不按纸条上写的去做，自己喝下这壶水就能保住性命，但下一个在沙漠里迷路的人就再也没水喝了。最终这个人做了一个善良的决定，他把满满一壶水都灌入吸水器里并用力抽水，果然吸水器中涌出了清凉可口的泉水，他得救了！

在这则故事中，纸条上的文字就是一个规矩，只有人人都遵守，才能让吸水器源源不断地吸出水来，拯救在沙漠里迷失方向的人。可见，遵守规矩的人才能获得相应的馈赠。

讲规矩是一个人基本的生存之道，培养男孩守规矩的好习惯，可以让男孩终身受益。在独生子女家庭中，孩子是父母全部的希望，很多父母溺爱孩子，甚至迁就到放弃原则的地步。不少父母抱着"船到桥头自然直"的侥幸心理，认为孩子长大后自然就懂得守规矩了。殊不知，"江山易改，本性难移"。父母从小不教导男孩守规矩，男孩一旦养成不守规矩的坏习惯，长大后很难改变。所以父母要给男孩从小树立规则意识，帮助男孩加强自我约束能力，使他长大后更好地适应社会，少走弯路。

棒棒是个调皮捣蛋的小男孩，平时由于父母忙于工作，棒棒几乎是在爷爷奶奶的陪伴下长大的。都说隔代亲，爷爷奶奶对这个大孙子可以说是"含在嘴里怕化了，捧在手里怕碎了"，任由棒棒惹是生非。爸爸妈妈偶尔在家，看到棒棒不守规矩的行为，总会及时制止，并给棒棒讲明人要守规矩的道理，棒棒有时也能听进去，但等爸爸妈妈一走便忘到脑后去了，继续我行我素：过马路闯红灯，见到熟人从来不打招呼，对爷爷奶奶极不尊重。有时邻居实在看不下去了，对棒棒的爷爷奶奶说，男孩要疼，更要管，否则长大管不住了，会害了孩子。可两位老人根本听不进去，在他们看来，孙子还小，调皮一点没什么要紧。

后来棒棒上了幼儿园，过上了凡事讲规矩的集体生活，棒棒很快就尝到了不守规矩的种种滋味。棒棒抢同学玩具，喝水、上厕所都要插队，午休时他在教室蹦来跳去，参加课外活动从不遵守游戏规则……没几天，棒棒成了让老师头疼的学生，并且没有一个小朋友愿意和棒棒一起玩，棒棒自己也很难过。

棒棒之所以不守规矩，除了自制力差之外，还因为家长一而再、再而三地迁就他。家长的骄纵使棒棒变得越来越漠视规矩。

所以为了让男孩更好地适应社会，更快地融入集体生活，父母应从以下几方面，培养男孩做一个守规矩、有教养的人。

一、维护规则的严肃性

有的父母给男孩立规矩，只是口头上随便说说，等到男孩真的违反了规矩，在男孩的恳求下，父母很容易放弃原则，迁就男孩，有时父母自己也会违反规矩。慢慢地规矩就成了摆设，失去了应有的作用。

父母在给男孩立规矩时，最忌"朝令夕改"。养成遵守规矩的习惯需要一个漫长的过程，父母要严肃对待，既不能用吼叫的方式逼迫男孩遵守，也不能随意地让男孩不把规矩当成一回事。父母应该郑重地把规矩简明扼要地写下来，张贴在墙上，人人可见，人人遵守。

二、规矩要合理，要具体

父母在制定规矩的时候，要充分考虑男孩的年龄特点和生活实际，规矩既要符合男孩的认知和行为能力，也要符合社会实际规则。此外规矩要简单易懂，一定要清楚地告诉男孩什么能做，什么不能做；做得好有什么奖励，违反规矩会受到什么惩罚。

在执行规矩时，父母要一以贯之，不能随意放宽标准或改动内容。如果规矩变来变去，就会失去应有的约束力。一旦男孩对规矩失去敬畏之心，再想让他遵守规矩就变得难上加难。

三、身教胜于言传

父母如果想让男孩遵守规矩，自己必须以身作则。《论语》里说："其身正，不令而行；其身不正，虽令不从。"所以父母在教导男孩守规矩之前，自己先要做个守规矩的好榜样。严于律己的父母，即使在男孩面前不常提"规矩"二字，也会潜移默化地引导孩子遵守规矩。

其次，家庭成员要达成共识，保持规矩的一致性。尤其是与老人共同抚养男孩时，父母和爷爷奶奶之间一定要提前沟通好，明确规矩的执行范围、惩罚措施和要达成的效果。如果在执行规矩时家长意见分歧，甚至自己都无可无不可，想让男孩遵守规矩就变成了天方夜谭。

有位哲学家说过："在一切爱的关系中，自由最重要。"自由是男孩成长中必须具备的条件，然而自由不是放任自流，如果父母不教孩子守规矩，那么，总有一天，社会将给他当头棒喝。记住，自律才能自由。男孩只有在遵守规矩的前提下，才能获得真正的自由。

改掉男孩不讲卫生的坏毛病

叶圣陶先生说："好习惯养成了，一辈子受用；坏习惯养成了，一辈子吃它的亏，想改也不容易。"行为医学专家做过一项关于卫生习惯的研究调查，结果显示，许多不爱洗澡、穿着不整洁、把家里弄得一团糟的成年男子，往往在小时候就有不讲卫生的坏习惯。

习惯这把双刃剑会影响男孩长大后的行为方式，继而影响他的人生走向。让习惯成为垫脚石还是绊脚石，取决于父母从小对男孩的教育。

不好的卫生习惯会影响男孩的健康。不讲卫生的男孩接触细菌和病毒的机会较多，会增大感染急性或慢性疾病的概率。尤其是小男孩抵抗力比较弱，更容易被疾病盯上。所以，父母必须重视男孩的卫生教育，从以下几方面让男孩养成良好的卫生习惯。

一、引导男孩养成勤洗手的习惯

男孩的双手每天都要接触很多东西，他玩起来的时候完全顾不上干净不干净，这时就可能沾染上灰尘、污物、细菌和病毒。最新研究发现，一只未经清洗的手上，可能藏有几万乃至几十万个细菌，一克重的指甲污垢里藏有的细菌数和虫卵数高达 38 亿之多。这些细菌的繁衍速度非常快，30 分钟就能繁衍一代，也就是说如果你的手上现在有 100 个细菌，4 个小时后你手上的细菌数目将会达到 25600 个。另外，这些细菌种类繁多，几乎所有能引起肠道传染病的细菌种类都在其中，而且引起食物中毒、传染性肝炎、伤寒等疾病的病菌也能经过手进行传染。

所以父母一定要教导男孩养成饭前饭后、便前便后、玩耍后、进门后以及手脏时及时洗手的习惯。许多父母可以做到教导男孩勤洗手，但往往会忽视洗手的方法。男孩上幼儿园时，洗手台上一般都贴有"正确洗手七步法"的宣传画，老师也会教给孩子正确的洗手方法，父母要做的就是备好洗手液，坚持督促男孩按正确的方法洗手，不要因为担心男孩弄湿衣物或浪费水就催促男孩草草了事。

勤洗手和正确地洗手可以预防百分之八十的疾病，降低一半以上的腹泻率以及三分之一的呼吸道疾病，所以为了男孩的健康，父母一定要重视男孩洗手这件"小事"。

二、引导男孩养成早晚刷牙的习惯

男孩吃饭后，口腔会残留食物渣，不通过刷牙或漱口及时去除，食物残渣就会发酵，成为细菌繁衍的营养基。牙菌迅速繁殖，腐蚀牙齿，还会影响肠胃功能，因此男孩要养成早晚刷牙、饭后漱口的习惯。

有的父母认为"乳牙反正要被恒牙代替，坏不坏的都不打紧"，其实这是一种错误的认知。乳牙从 6 岁开始脱落，新长出的恒牙通过吸收乳牙的营养才能长得更加坚固，如果乳牙是龋齿，很有可能伤害到恒牙的牙根，同时也会影响肠胃对食物的消化与吸收，不利于男孩的生长发育。

父母指导男孩刷牙时，一定要保证每颗牙齿的外表面都被刷到。父母应为男孩选用儿童专用的牙刷和牙膏，牙刷刷头要小，刷毛软硬适中。此外，可为男孩准备手动和电动牙刷交替使用，准备多种口味的牙膏供男孩挑选，以此来增加男孩刷牙的积极性、主动性。

三、引导男孩养成睡前洗脚、洗袜，平时勤洗澡、勤换洗衣物、勤剪指甲、勤理发的习惯

男孩爱玩，经常出汗，皮肤和衣物上容易积留灰尘和污垢，从而成为细菌滋生的温床，所以父母一定要引导男孩保持个人卫生。每天睡前督促男孩认真洗脚洗袜，并且勤换洗鞋子，以预防脚气。平日里也要勤洗澡，勤换洗衣物，定期剪指甲和理发，这样不仅能清洁身体，保证卫生，也会使男孩看起来更精神，并且从小养成注意个人形象的好习惯。

四、引导男孩养成随身携带纸巾和手帕的习惯

男孩感冒流鼻涕时，会不自觉地用袖口去擦；吃东西没水洗手时，就会不洗手直接拿东西吃，这些情况都不利于男孩的健康，同时还会给人留下邋遢的印象。为此，父母要给男孩的兜里放些纸巾和手帕，叮嘱男孩吃东西前先用湿纸巾擦手，流鼻涕时可以使用清洁的手帕去擦。男孩可能不像女孩那样口袋里喜欢装纸巾和手帕，所以父母教导男孩时，一定要多几分耐心，给男孩讲明随身携带纸巾和手帕的好处，鼓励他做一个清爽、干净的小绅士。

五、引导男孩养成讲卫生的饮食习惯

老一辈人常说"不干不净，吃了没病"，这是没有科学依据的。父

母要让男孩懂得"病从口入"的道理。吃饭、喝水、吃零食前都要认真洗手，生吃瓜果要洗净去皮，不用不洁净的餐具进食。此外，父母还要教男孩明白寝不食、饭不语的道理：睡觉前不要吃东西，尤其是糖果、饼干等甜食，容易使牙齿龋坏；吃饭时要专注地吃饭，大声说话不利于食物的咀嚼和吞咽，还可能使食物卡在喉咙里，威胁男孩的生命安全。

另外，父母带男孩外出时，在条件允许的情况下，也要尽可能地督促男孩保持良好的卫生习惯。男孩虽然在家养成了讲卫生的好习惯，但出门后若放任自流，很可能会前功尽弃。

为了教导男孩养成良好的卫生习惯，父母可以运用以下一些小技巧。

1.通过讲故事的方式，让男孩理解讲卫生的重要性，启发男孩自觉地讲卫生。

2.运用多媒体，把不讲卫生的后果演示给男孩看，讲解造成此种后果的具体原因，加深男孩对不讲卫生后果的印象，让男孩认识到不讲卫生的严重性。

3.通过做游戏的方式，引导男孩保持良好的卫生习惯，让男孩在讲卫生这件事中找到乐趣，这样男孩更容易持之以恒，最终养成讲卫生的好习惯。

4.让男孩自己选购卫生用具，比如让男孩自己选择牙刷的样式、牙膏的口味、毛巾的图案等。男孩对按自己意愿选择的卫生用具会有一种"禀赋效应"，会觉得自己选的更好用，更可爱，用起来也会多几分动力。

5.为男孩制作"卫生宝宝"红花榜，用小红花代表男孩讲卫生的次数，当小红花积累到一定的数量，就给予男孩一定的奖励，比如实现他的一个愿望，以此激励男孩养成良好的卫生习惯。但对男孩的奖励最好避开物质奖励或直接给钱的方式，陪男孩一起做有意义的事或带他去特别想去的地方游玩，都是不错的选择。

如果想培养男孩养成良好的卫生习惯，那么父母首先要有一个良好的卫生习惯，比如随身携带手帕纸巾、平时用正确的方法勤洗手、在家也穿着整齐等。

父母要通过言传身教引导男孩养成讲卫生的好习惯。需要注意的是，要潜移默化地影响男孩，不要拿其他讲卫生、爱整洁的孩子和自己的儿子直接进行比较，这样不但起不到激励的作用，相反还会挫伤男孩的自尊心。

改掉男孩挑食的坏毛病

挑食是指偏爱吃某一种或几种食物，而挑剔大多数食物。男孩长期挑食，会导致营养不良、免疫力下降、身形瘦小或肥胖，出现"偏食症"，这些都非常不利于男孩的生长发育。

父母要耐心教导男孩改掉挑食的毛病，养成良好的饮食习惯。合理膳食可以为男孩的身心发育提供充足的营养，提高男孩的抵抗力和身体素质。

在纠正男孩挑食的行为之前，父母首先要分清楚男孩是阶段性生理挑食还是已经形成了挑食的毛病。

2岁以后的男孩由于自主性萌发，他们开始挑选自己想吃的食物，很多男孩倾向于吃自己曾吃过的食物，对新食物拒绝尝试。这其实是人在进化过程中产生的一种自我保护的心理机制——"熟悉的更安全"，这样做可以避免男孩误食有害的食物，这种挑食行为的持续时间因人而异。

3岁左右的男孩会因为身体的生长速度减慢，降低对食物的需求，从而出现挑食的情况，比如对某一类曾经非常爱吃的食物，突然一口也不肯吃了。这一时期的男孩其实对大多数食物还是保持接受的态度，父母不用太担心，只要保证营养均衡，一般不会影响男孩正常的生长发育。

以上两种情况都属于阶段性生理挑食，一般会自行消失。如果男孩已经形成了挑食的毛病，父母就要搞明白男孩挑食的原因，从而帮助男孩加以改正。男孩挑食的原因大致有以下几种。

一、过早地让男孩接触重口味食物

我们都有一种感觉，吃过糖再吃甜的水果，水果的味道会减淡很多。同样道理，在男孩小时候给他吃口味过重的食物，男孩就会对味道清淡的食物不感兴趣。比如喝甜水后，不愿意喝白开水；吃放盐多的饭菜后，不吃口味清淡的饭菜。但是摄入过多的糖分和盐分都会给男孩的身体造成负担，影响男孩的健康发育。所以男孩的饭菜一般应和大人的分开做，或者大人迁就孩子的口味，以清淡代替咸、香、麻、辣，保护男孩的味蕾，避免男孩以后养成挑食的毛病。

二、家庭成员的不良影响

如果家里有人吃饭喜欢挑三拣四，也会影响男孩的饮食习惯。俗话说"学好难，学坏易"，男孩看到有人"特立独行"，不知不觉就会被影响，养成挑食的习惯。所以家长在饭桌上要避免挑肥拣瘦，不说饭菜做得不好、不合胃口等挑剔的话，不要变成引导男孩挑食的负面榜样。

三、吃太多零食

零食中含有白糖、果胶等很多香甜物质，男孩往往会被这种香甜的味道吸引，无法抗拒零食的诱惑，但是吃零食太多或餐前吃零食都会降低男孩的食欲，男孩吃饭时就会挑挑拣拣，不好好吃饭。众所周知，零食的营养成分并不全面，并且含有许多添加剂、防腐剂、色素等有害物质，经常吃零食会影响男孩的身体健康。

四、饭菜不合口味

父母常会按照自己的喜好和习惯烹饪食物，男孩的味蕾很敏感，可能会排斥洋葱、大蒜、生姜这些刺激性配料，所以父母做饭时也要注意男孩的饮食偏好。另外，父母还可以变换花样，尽量为男孩提供可口的食物，保持新鲜感可以让男孩更有食欲。对于不能一下子接受新食物的男孩，父母可以少量、反复地给他提供这种食物，一般反复尝试数次后，男孩就会愿意接受新食物。

五、不好的进食习惯

有的父母为了让男孩好好吃饭，喜欢用给男孩看动画片的条件引诱孩子。这种做法是不可取的。边看电视边吃饭，延长了吃饭时间，男孩把大部分注意力都放在动画片上，会降低男孩唾液和胃液的分泌，从而觉得饭菜无味，造成男孩食欲下降，非常不利于身体对食物的消化吸收。有的父母害怕男孩吃不饱，养成给男孩"喂着吃，追着吃"的坏习惯。男孩抓住父母想让自己吃饭的心理，故意挑三拣四，提各种要求，不好好吃饭，结果每次吃饭就变成了父母与男孩的斗智斗勇。

父母在纠正男孩挑食的坏习惯时，一定不能操之过急，不能用哄骗、打骂等简单粗暴的手段强迫男孩，强迫只会造成男孩的叛逆：越想让男孩吃的，男孩偏不吃；越禁止男孩吃的，男孩越要想方设法地吃到。那么如何做到让男孩主动吃饭不挑食呢？下面有六个小技巧可供大家参考。

1. 为男孩提供味道丰富、营养全面的食物。味觉是有记忆的，所以一个人无论离家多久，总忘不掉"家乡的味道"。父母要从小给男孩提供口味丰富、营养全面的食物，各种食物都尝一点，男孩更能接受不同口味的食物。

2. 按时吃饭，三餐定时，少吃零食。有的男孩因为贪玩不好好吃饭，等过了饭点，感觉饿了便会吃各种零食，等下次吃饭时又没有胃口，形成恶性循环。父母一定要引导男孩养成一日三餐按时吃饭的习惯，并且按照"早餐吃饱，午饭吃好，晚饭不过饱"的原则控制食量，保证男孩健康饮食。

3. 多次少量给食，先吃新食物。有的父母经常一次性给男孩很多食物，并命令男孩必须吃完，这会给男孩带来很大的压力。如果饭菜太多，男孩就会对吃饭有一种抵触心理，所以父母要多次、少量地给男孩添加食物，并且可以将男孩未吃过的新食物先端上桌，人在刚进食时食欲最好，这个时候男孩更容易接受新食物。

4. 营造良好的就餐氛围。轻松愉快的就餐环境，可以让男孩更有食欲，更愿意主动进食。父母在吃饭时，不要打骂、批评男孩，可以聊一些开心的话题，把吃饭时间当成全家人共同享受的美好时光。

5. 不要乞求或逼迫男孩吃饭。吃饭是人的天性，即使父母不求着他吃，男孩也会根据身体的需要正常饮食，所以父母不要为了让男孩吃饭，用各种手段逼迫他或讨好他。比如"你不好好吃饭，就不让你看电视""你把饭吃完，就让你吃蛋糕"。这两种方法都有问题，前者会让男孩把吃饭当作压力，对吃饭失去兴趣；后者会让男孩越来越不喜欢吃饭，越来越喜欢吃蛋糕。

6. 鼓励男孩多参加体育运动。一般来说，食欲不振、爱挑食的男孩，往往身体素质和体能也比较差。父母可以通过鼓励男孩加强体育运动来促进食欲，例如陪伴男孩跑步或培养男孩的运动爱好，男孩坚持运动，就会消耗身体的热量，从而增强食欲。

男孩挑食的习惯不是一天两天形成的，要改掉男孩挑食的习惯也不可能一蹴而就，父母教育男孩时一定要有耐心，切忌管控不好自己的情绪。教育不是为了发泄情绪。带着情绪教育孩子不仅起不到任何作用，

◆ **男孩的正面管教**

还会影响亲子关系。

在引导男孩养成良好的饮食习惯这件事上，最重要的还是父母要做好表率作用。男孩都是在模仿学习和习得养成中不断成长的，如果父母只注重教导男孩"好好吃饭"，不注意自己有没有"好好吃饭"，这样的教育只会以失败告终。

改掉男孩懒惰的坏毛病

《道德箴言录》一书的作者弗朗索瓦·德·拉罗什富科曾说过："如果我们以为只有野心和爱情这类强烈的激情才能抑制其他情感，那就错了。懒惰尽管柔弱似水，却常常把我们征服：它渗透进生活中一切目标和行为，蚕食和毁灭着激情和美德。"懒惰就像个蛀虫似的藏在很多人的身体里，不会让人一时间痛不欲生，也不会突然之间毁掉一个人的梦想，但它就这样悄无声息地阻断了一个人几乎所有通往成功的道路。

"小懒见大懒，一懒懒一生。"大部分人都有懒惰心理，如果从小任凭男孩的惰性发展，不教导他养成勤快的习惯，男孩长大后就会变得更加懒惰，甚至一生都有可能在懒懒散散、碌碌无为中度过。

路路今年上小学一年级，无论生活还是学习都不能独立，可路路有一套"懒人"哲学，这让妈妈常常拿他没办法，只能长吁短叹道："你这么懒，长大可怎么办呀！"

早晨上学，眼看就要迟到了，妈妈一边喊路路起床，一边火急火燎地给路路找衣服、挤牙膏、收拾书包，然后去做饭。等妈妈做好饭喊路路吃饭时，发现路路还赖在床上。妈妈拉着他的胳膊催他起床，路路却不耐烦地说："觉都不让人睡够，活着还有什么意思！"妈妈听了真是哭笑不得，却也不敢一个劲儿地催促儿子了。

吃饭时，路路是能不伸手就不伸手，妈妈怕路路上学迟到，只好喂他吃饭。在妈妈喂饭时，路路连眼睛都懒得睁开，妈妈说他，他还振振有词："一边吃饭一边睡觉，两不耽误。"

放学回家做作业，路路是能少写一点就少写一点。背默课文，他倒是背得快，可一到默写时，他就懒得拿笔、懒得写字。妈妈说："眼过千遍，不如手过一遍。"路路反驳道："手写不就是为了记住吗？我都记在脑子里了，用不着再写了。"

路路的聪明有时确实让妈妈感到欣慰和骄傲，但是妈妈也担心懒惰会毁了他的聪明，最终使他沦为"语言的巨人，行动的矮子"。

路路的懒惰行为，源于他的懒惰心理。他从心理上就认为做事极其痛苦。戴尔·卡耐基曾经就懒惰心理提出过这样的看法：懒惰心理的危害性超过懒惰的手足很多倍，而且医治懒惰的心理比医治懒惰的手足还要难。因为我们做一件不愿意、不高兴做的事情时，身体的各部分都会感到不安和无聊。反过来，如果对于这件事情有兴趣，不但工作效率高，身心也会十分舒适。

　　父母在帮助男孩克服惰性之前，先要了解男孩的懒惰心理是怎么产生的。

　　男孩的本能，即人的天性，就像一根弹簧的原始长度，一开始是固定不变的。随着男孩的成长，他要认知和适应周围的环境，本性的弹簧就开始被挤压或被拉长，最终男孩会和周围的世界达到一种平衡关系。

　　在生活中，男孩的本能就是自己能做的事情自己做，如果父母出于深爱，娇惯男孩，过多地帮他做事，不断挤压男孩独立弹簧的长度，最终就会造就一个独立性差、永远想依赖别人的懒惰男孩。比如，在男孩能独立拿勺子吃饭的年龄，父母怕男孩弄脏衣服，仍旧保持喂饭的习惯；男孩想帮忙做家务，父母怕男孩帮倒忙而果断拒绝；当男孩想学习某项技能时，父母觉得对男孩以后的发展没有用处，不予支持，打击男孩自主规划人生的积极性……父母这些不恰当的干预行为在造成男孩依赖心理的同时，也造成了男孩的懒惰心理：凡事有人帮我做，我什么也不用做。

　　另外，懒惰心理还是男孩的避难所。

　　男孩天生就有一种追求卓越的心理，但是每个男孩的天赋不同，能力不同，他们有时达不到自己和他人期望的优秀状态，而懒惰正好成为男孩"不优秀"的保护伞。懒惰的男孩，不需要背负父母太多的期望，不需要付出艰苦的努力，即使在生活和学习上一塌糊涂，也能在一定程度上得到父母的谅解。父母会说："我儿子就是懒，要是他能勤快点，他什么都能干成！"这种毫无意义的假设，这种带有虚荣心的阿Q思想，使懒惰男孩"追求优秀而不得"的心理得到极大的安慰，久而久之，他自己也认为"不是我能力不行，只是我懒而已"。于是，懒惰成了男孩不努力的一种借口、一块遮羞布，让男孩在平庸里找到心理慰藉，同时也堵塞了男孩努力向上、做更好的自己的所有通道。

养成一个懒惰的男孩很容易，想改掉男孩懒惰的毛病却非常难。如何把男孩培养成一个勤快的小超人呢？父母不妨参考以下几点建议。

一、会"装懒"的父母才能养出勤快的男孩

许多父母把孩子当成生活的全部，全心全意为孩子包办一切，殊不知，过于勤快的父母只会让男孩越来越懒。父母过多地关注和介入男孩的生活与学习，做了所有能替男孩做的事，在这种情形下，男孩连自己不得不做的事情也懒得去做，养成"凡事催着干、逼着干"的习惯，丧失责任感和自觉性。

聪明的父母一定是会"装懒"的父母，对于男孩的事情尽量能动嘴就别动手。比如，父母想培养男孩的孝心，可以对男孩说"乖宝宝，帮妈妈把拖鞋拿过来""给妈妈把水端过来，妈妈好渴呀""帮妈妈捶捶背吧，工作了一天好累呢"。通过这些小事可以帮助男孩理解父母的辛苦，男孩也会从中获得分担父母辛苦的喜悦感。再比如，男孩玩完玩具不收拾，父母不要斥责男孩，也不要主动地帮男孩收拾烂摊子，父母可以很认真地告诉男孩"自己的东西要自己收拾，从哪里拿的玩具要放回哪里去"。一开始也许男孩需要父母的帮助和催促，多做几次，男孩就会慢慢养成收拾玩具的好习惯。

男孩不做的事，父母替他做，时间久了，男孩就会认为那是父母该做的事，不是自己该做的事，他就更不会去做了，所以父母要"少做多说"，引导他做个勤快的小超人。

二、不要聪明反被聪明误

在男孩成长的道路上，聪明有可能成为勤奋的大敌。如果男孩的聪明没有得到正确的引导，那么这种所谓的"聪明"可能会阻碍男孩成为一个优秀的人。聪明的男孩学东西比别人快，别人好几个小时才能学会的东西他一个小时就学会了，渐渐地他会形成"成功并不费力""成功不需要太努力"的错误认知，丧失勤奋、刻苦的精神，最后在行动上和思想上都变成了懒惰者。懒惰的习惯一旦形成就很难改掉，从而成为男孩前进道路上的拦路虎。所以父母一定要告诉男孩：真正聪明的人，都懂得下笨功夫。平时男孩学得快，可以为男孩提供更多的书籍，让男孩在更广阔的知识的海洋遨游，了解天地之大、宇宙之广，了解人类之渺小，了解未来之美好，不要满足于眼前一点小小的成绩而止步不前。

在生活中，父母在纠正男孩的懒惰行为时要注意分寸，批评也要适可而止，不能训斥、打骂男孩。如果把每一次和男孩的沟通变成"批斗大会"，只会伤害男孩的自尊心，增加男孩的逆反心理。

对于 10 岁以下的男孩，要多从"如何做是正确的、怎样做是好的"这一角度出发进行教育，这样更能让男孩明确行动的方向。

英国作家乔叟有一句名言："懒惰是一切邪恶之门——一个懒惰的人，正如一所没有墙壁的房子，恶魔可以从任何一个方向进来。"一个人一旦懒惰，会衍生出很多坏品质，侵蚀掉一个人的前途，所以让男孩克服懒惰的毛病，就是在赋予男孩一次重生的机会，引导他向上、向善。

改掉男孩铺张浪费的坏毛病

一个英国青年和一个犹太青年一起去找工作，路上他们都看到一枚硬币躺在地上。英国青年像没看见似的，径直从硬币上迈了过去，而犹太青年却激动地跑过去，将硬币捡了起来。

英国青年回头看见犹太青年的举动，心里不无鄙夷地想："一枚硬币也捡，真是没出息。"

犹太青年望着英国青年高傲的背影，默默感慨："让钱白白地从身边溜走，真是没出息。"

两个人同时走进一家公司。公司不大，薪水不高，工作还很繁忙。英国青年一听是这种情况，不屑一顾地走了，犹太青年却兴奋地留了下来。

两年后，两人又在大街上相遇，犹太青年成了老板，而英国青年仍在盲目地找工作。英国青年不解地问："你这个连一枚硬币都看得上眼的家伙，怎么这么快就发财了？"犹太青年说："因为我没像你那样不屑地从一枚硬币上迈过去。你连一枚硬币都不珍惜，怎么能发大财呢？"

"一粥一饭，当思来之不易；一丝一缕，恒念物力维艰。"父母从小就教育我们要珍惜每一粒粮食每一件衣裳；古人用"一寸光阴一寸金，寸金难买寸光阴"的箴言谆谆告诫我们要珍惜时间；雷锋"缝缝补补又三年"的故事告诉我们，要做一个节俭的人。勤俭节约是中华民族的传统美德，是我们世代相传的精神财富，成由节俭败由奢，只有勤俭节约，我们才能像故事中那个犹太青年一样，成为人生赢家。

父母从小培养男孩勤俭节约的意识，不仅有利于男孩生活习惯的自我养成，也有助于他将来的自我成长。一个有节俭精神的人，必定也会节约时间，能更好地规划自己的人生，能脚踏实地地向着目标进发，井井有条而非浑浑噩噩地度过一生。

有些人认为，节俭就是小气，"斤斤计较"的人能有什么作为？"不在意小钱"才是有钱人的作风。这当然是一种偏见。节俭不仅是一种生活习惯，也是一种生活态度，无关穷富。

微软创始人比尔·盖茨成为世界首富后，仍然坚守着节俭的原则。他说："我有钱，但不意味着可以乱花。"诸葛亮《诫子书》中说："夫君子之行，静以修身，俭以养德。"可见节俭有助于一个人修身养性、陶冶情操、培养高尚的人格。

苏轼从21岁开始做官，在为官的40年间，他总是特别节俭，常常精打细算地过日子。在他被贬到黄州任职时，薪俸少到无法维持生计，他在朋友马正卿的帮助下弄到一块荒地，躬耕田间。为了节省开支，他把收入所得进行了周密的规划：把所有收入按月分成12份，每月用一份；然后把每份分成30小份，每天只用一小份。苏轼把钱分好后分别挂在房梁上，每天清晨取下一包，作为全天的开支。对于每天的这一小份钱，他也要仔细权衡，能不花的坚决不花，只准剩余，不准超支。剩余的钱被苏轼积攒在一个竹筒里，以备不时之需。

苏轼细水长流、精打细算的花钱方式，确保了他在困顿的日子里，也不至于潦倒到"吃了上顿没下顿"的田地，而且还有结余应对意外情况。这种量入为出、有计划的消费方式颇值得现代人借鉴。

节俭的人拥有强大的自制力和规划性，更容易成功。那么，父母应该如何从小培养男孩勤俭节约的好习惯，让男孩赢在成长的起跑线上呢？

一、父母要引导男孩树立节俭的意识

可怜天下父母心，当父母的天生具有一种奉献精神，宁可自己省吃俭用，也要把最好的留给孩子；宁愿自己捉襟见肘，也不会亏待孩子半分毫。这种精神是伟大的，这种天性是可以理解的，但这种教育孩子的方式并不可取。父母不管富有还是贫穷，都应教导男孩勤俭节约，不能让男孩养成"有多少花多少"的花钱习惯，更不能允许男孩用父母的血汗钱去纵情享乐。要让男孩从小懂得钱来之不易，教男孩学会有计划地花钱，把钱花在刀刃上，树立勤俭节约的意识。

二、父母要以身作则，做勤俭节约的典范

在家庭教育中，身教胜于言传，父母要用勤俭节约的行为影响男孩，用艰苦朴素的作风感染男孩。父母在生活中首先要做到不攀比、不虚荣、不乱花钱、不浪费粮食、节约用水、随手关灯、废物利用、反对铺张浪费、提倡低碳出行等，男孩耳濡目染，自然会效仿父母的做法，选择节俭的生活方式。

三、让男孩参与到财富的创造中，体会挣钱的辛苦

要想教男孩学会节俭，一个行之有效的方法就是让男孩参与劳动，感受挣钱的辛苦。唯有如此，男孩才会珍惜每一分钱。比如通过让男孩勤工俭学，理解财富来之不易，感恩创造财富的人，把节俭变成一种自觉行为。

四、引导男孩把勤俭节约的精神贯彻到生活的方方面面

当男孩在生活上养成勤俭节约的好习惯之后，父母可以引导男孩把这种惜物的精神贯彻到惜人、惜时、惜福上，科学、理性地利用好一生所拥有的资源。

在物质生活日益丰富的今天，父母更应该从小培养男孩勤俭节约的好习惯，让他学会珍惜拥有的一切，比如花和蜜，爱和美。

改掉男孩不珍惜时间的坏毛病

法国思想家伏尔泰在小说《查第格》中，借主人公智者查第格之口向世人阐释了时间是什么，成为人们理解时间的经典语录。查第格说："最长的莫过于时间，因为它永远无穷无尽；最短的也莫过于时间，因为它使许多人的计划都来不及完成；对于在等待的人，时间最慢；对于在作乐的人，时间最快；它可以无穷无尽地扩展，也可以无限地分割；当时谁都不加重视，过后谁都表示惋惜；没有时间，世界上什么事都不可能做成；对于一切不值得后世纪念的，会随着时间的推移使人淡忘；而对于一切堪称伟大的，时间能使其永垂不朽。"

时间看不见，摸不着，却始终和我们在一起，塑造着我们的命运，变幻莫测。时间对于众生是公平的，每个人的一天都只有 24 小时，谁也不多一分，谁也不少一秒。时间流过，会在所有人身上留下痕迹。但每个人对待时间的态度却千差万别，既然时间就是生命，那么一个人对待时间的态度，就是他对待生命的态度。

莎士比亚说："放弃时间的人，时间也会放弃他。"时间看似没有尽头，可当你忽视它，放任它白白流走时，你的生命也在悄然逝去。当生命走到尽头，蓦然回首，你会惋惜那些轻易放走的时间吗？

一个危重病人大限到来，死神如期而至，他向死神哀求给自己最后一分钟，去看看这个世界，去想一想亲人，或者仅仅看一看一朵花是如何绽放的。

死神拒绝了他的请求，并给他罗列了一张虚度时间的清单：在 60 年的生命中，你有大约三分之一的时间在睡觉；在剩下的 40 年里你经常拖延时间；你感叹时间太慢的次数高达 10000 次，几乎平均每天一次；你做事拖延，从青年到老年共耗去大约 36500 小时，折合 1520 多天；你做事虎头蛇尾、马马虎虎，导致事情需要不断地重做，浪费了 300 多天；因为无所事事，你经常发呆；你经常埋怨、责怪别人，找借口、找理由推卸责任；你利用工作时间和同事侃大山，把工作丢到一旁毫无顾忌；你在工作时间呼呼大睡；你参加了无数次心不在焉、懒散昏睡的会议，这使你的睡眠时间远远超过了 20 年……

死神刚念到这里，危重病人已断了气。死神无奈地长叹一声："世人都是这样，还等不到我读完时间清单就后悔死了。"

浪费时间的人终究会带着遗憾离开人世，他曾经不懂得珍惜的时间，最后变成了可望而不可即、可求而不可得的东西。"天可补，海可填，南山可移，日月既往，不可复追"的道理，许多人直到生命的最后一刻才能真正懂得。

苹果公司创始人乔布斯是一个非常爱惜时间的人，在他看来，节约时间就是挽救生命。

有一天，乔布斯走进 Mac 电脑操作系统工程师拉里·肯扬的办公室，向他抱怨电脑开机时间过长。肯扬直截了当地说，缩短电脑开机时间是不可能的，并向他解释为何不可能，但乔布斯直接打断了他："如果能挽救生命，你能将开机时间缩短 10 秒吗？"肯扬承认有可能，于是乔布斯走到白板前，用算数向他演示：如果 Mac 电脑卖出 500 万台，每天每台电脑开机多花费 10 秒，加起来每年就要浪费 3 亿分钟，相当于浪费 100 个人的寿命……这次沟通之后，在短短数周之内，肯扬就将电脑开机时间缩短了 28 秒。

父母都希望男孩能像乔布斯一样珍惜时间，可在现实生活中，父母却常常只能眼睁睁地看着时间从男孩的指缝中溜走：该写作业了，动画片却看得如痴如醉；该上床睡觉了，却抱着手机玩得不亦乐乎；平常做事三心二意、拖拖拉拉。遇到类似的情况，父母除了着急，只能苦口婆心地劝说："别磨叽，快去做。"可是父母越催促，男孩越不愿意动，直到父母怒斥或动手，男孩迫于无奈才开始慢慢行动。

父母都希望男孩做时间的主人，主动管理时间，可是男孩是如何一点一点变成时间的奴隶的呢？一方面是男孩对时间管理没有概念，不知道"自己的时间需要自己管理"，所以不少男孩会有这样的表现：上学迟到会埋怨妈妈没有早点叫自己起床；玩得开心忘了写作业，埋怨妈妈没有及时提醒，总之都是妈妈的错。另一方面是父母对男孩干预过多，让男孩错失自主管理时间的机会。比如在男孩专心看书时，催促男孩去洗漱睡觉；男孩想睡觉时，又揪着男孩把最后几页书看完。没有自主管理时间的自由，男孩就无法感知时间，也无法对自己的时间负责。

引导男孩学会管理时间，不仅有利于他形成良好的学习、生活习惯，还有助于男孩在学业和事业上有所建树。以下几点建议，可帮助家长们引导男孩珍惜时间、合理管理时间。

一、通过讲故事的方式启发男孩珍惜时间

如果父母只是干巴巴地给男孩讲述珍惜时间的大道理，效果不一定好。孩子都喜欢听故事，求知的本能使他们更愿意接受自己从故事中悟出的道理，也更愿意去身体力行，因为在他们看来这是在按照自己的意志行事。

教育家班杰明曾用一分钟时间，让一个年轻人领悟了成功的秘诀。当年轻人来到班杰明家中，向他请教成功的秘诀时，看到班杰明家中一片狼藉，这时班杰明让年轻人在门外等他一分钟。一分钟后，当班杰明打开房门，年轻人看到房间已被收拾得干干净净、整整齐齐，桌上还摆放着两杯倒好的红酒。

一分钟对于大部分人来说只能发发呆、扫一眼手机，班杰明却用它做了那么多事，年轻人终于明白：成功的秘诀就是珍惜每一分钟。

二、教男孩学会分割时间，合理规划时间

现代职场有一个术语叫作"时间颗粒度"，是指一个人安排时间的基本单位。万达集团董事长王健林的时间颗粒度是 15 分钟，也就是说他以 15 分钟为时间单位，依次安排工作。15 分钟对于一般人而言只是一盏茶的工夫，可对于他来说却足以谈成一笔上千万的生意。全球首富比尔·盖茨的时间颗粒度是 5 分钟，与美国总统差不多，而他开一些短会或与人握手则按秒计算。事实证明成功者都是会分割时间、规划时间的，他们争分夺秒地努力工作，最终取得惊人的成绩。

父母可以引导男孩把 30 分钟当作他的时间颗粒度，按照 30 分钟的时间刻度制定学习、娱乐、作息时间表。这样不仅可以加强男孩对时间的感知度，也可以培养男孩合理规划时间的好习惯。

三、引导男孩充分利用碎片时间

在信息化社会，男孩的生活和学习节奏也随之加快，场景、人物不断转换，造成的结果就是男孩的时间被碎片化。若能利用好这些零碎的时间，则意味着在同样长的时间内，男孩增加了自己生命的广度、厚度。

比如排队的时间可以用来看书，乘车的时间可以戴着耳机听英语，学习间隙可以用来运动，等等。不要小看这短短的 5 分钟、10 分钟，日积月累就会成为一个惊人的数字，这些"多出来的时间"会给男孩带来巨大的变化。

四、教育男孩做个"极简主义者"

日本作家佐佐木典士在《我决定简单地生活》一书中提到，做一名极简主义者是节约时间的秘诀。极简主义者的生活方式就是尽量排除一切没必要存在的东西，舍弃一切并非真正需要的东西，包括物品、要做的事情、做事的流程等，从而节省出时间去做那些自己真正在意的事和不得不做的事。

父母可以教导男孩向极简主义者学习，不被外物所累，不与人攀比，不用别人的眼光来评判自己。其实听从内心的召唤，做最重要的事，才是节约时间最直接、最有效的方法。

时间是构成生命的材料，教男孩学会管理时间，就是教他懂得珍视生命。鲁迅先生说："浪费别人的时间等于谋财害命，浪费自己的时间，等于慢性自杀。"所以父母要教男孩学会珍惜时间、善于利用时间，同时也要尊重他人的时间。如果男孩有浪费时间的毛病，一定要立即帮他纠正，"种一棵树最好的时间是十年前，其次是现在"。做正确的事，什么时候开始都不算晚。

改掉男孩不爱运动的坏毛病

强强的妈妈最近遇到一个大难题，5岁的强强像被小怪兽附体一样，浑身充满了力量，不知如何释放，所以到处搞破坏。强强一会儿翻箱倒柜、乱扔东西，一会儿踢踢这儿踢踢那儿或者找人打两下，惹得强强妈妈恨不得自己变身奥特曼，收了这个"恶魔"儿子。

男孩出现这种行为是精力过剩的表现，说明男孩生命力旺盛、好奇心强、兴趣广泛，这原本是一件好事；但美中不足的是男孩由于精力过剩到处调皮捣蛋、惹是生非，让父母很是苦恼。其实，父母可以审时度势地培养男孩热爱运动的习惯，不仅可以让男孩释放多余的精力，还能让男孩终身受益。

《运动改变大脑》一书中提到，运动不仅能强身健体、锻炼肌肉，还能锻炼大脑，改造心智，让人更聪明、更快乐、更幸福。运动能刺激脑干，还能调节脑内神经细胞之间传递神经递质，改变人对自我的认识，稳定情绪和增强学习动力。

运动对人有着重要的意义，在西方国家的"精英教育"中把运动看作比学习更重要的事，就是因为运动在孩子的成长过程中起着举足轻重的作用，概括起来有以下几点。

一、运动可以增强体质，增加身高

男孩坚持参加适当的体育运动，可以强健体魄。爱运动的男孩四肢更灵活，柔韧性更好，而柔韧度高的人身体机能更好，更容易长寿。经常运动的男孩心血管系统发育得也更好，因为运动能促进心肺功能，加快新陈代谢，使心肌更加发达，收缩力更强。

此外，体育运动还能帮助男孩长得更高。医学研究表明，经常参加体育运动的男孩与不爱运动的同龄男孩相比，平均身高会高出4~8厘米。这是因为儿童四肢长骨的软骨组织正处于生长发育阶段，软骨的不断生长可以促使人的身体增高，而经常运动可以促进血液循环，增加人体营养，促进骨骼的生长发育，四肢长骨的软骨组织得以充分吸收营养，使四肢骨骼更加粗壮结实，男孩自然长得更高。有助于男孩增高的体育运动有单杠、弹跳、游泳、自由体操、打篮球、引体向上等。一般来说，每星期运动 3 次，每次锻炼 30 分钟左右，长期坚持，可以达到增加男孩身高的目的。

二、运动可以促进男孩大脑的发育

在生活中，我们发现聪明的婴幼儿在玩橡皮泥、搭积木、拼图时，动作比同龄人快，在运动的过程中也更少会摔倒或受伤，这是因为运动神经发达的人对外界的感知能力和逻辑推理能力更强，而运动神经的发达，得益于经常参加运动。一言以蔽之，运动可以促进大脑机能的生长发育。

哈佛大学医学院神经病学系教授约翰·瑞迪，即《运动改变大脑》一书的作者，他在波士顿居住时发现，那里的人几乎都有跑步的习惯。瑞迪教授对一些坚持跑步的哈佛教授、企业领袖、行业精英长期观察发现，他们中因受伤被迫停止跑步的人，常常出现 ADHD（注意力缺陷多动障碍）的特征：抑郁、注意力无法集中、拖延、无计划性，在此之前他们身上从未发生过这样的事。

运动和大脑的发育息息相关，运动时心跳加快，血管收缩功能增强，血液循环加快，大脑供血量增加，从而加快大脑神经细胞的代谢，促进大脑发育。科学研究表明，2~5 岁的男孩中，爱玩耍、爱运动的男孩比好静不好动的男孩的脑容量大 30% 左右。运动中需要完成的肢体动作和大脑活动有关，比如掌握平衡、判断方位、调节心理机能和解决难题等，这些大脑活动可以帮助男孩提高识别能力、语言表达能力、创造力、想象力，以及消除男孩的心理压力和负面情绪。

三、运动可以塑造男孩坚毅的性格

体育运动可以培养男孩坚毅的性格，使男孩拥有不屈不挠、持之以恒、敢于迎接挑战、敢于超越自我的精神。

体育运动需要男孩进行反复的艰苦的练习，在一次次咬牙坚持、克服困难和不断超越自我的过程中，可以培养男孩的男子汉气概。

佑佑平时是个胆小的男孩，爸爸第一次带他去游泳馆游泳时，佑佑带着小鸭子游泳圈坐在水池边，怎么也不敢下水。看着其他小朋友和爸爸妈妈一起在水中嬉戏，佑佑总是投去羡慕的小眼神，可一看到晃眼的一池清水，佑佑又退缩了。

爸爸看出佑佑的心思，鼓励佑佑下水却被拒绝了。于是爸爸抱起佑佑，让他自己选择下水或者待在爸爸怀里，佑佑表示愿意尝试。他一点一点地把身体浸入水中，慢慢感知水的浮力和温度，原来并没有想象的那么可怕，反复几次后，佑佑终于敢自己下水了。

佑佑虽然胆小，但是很喜欢游泳，一有机会就恳求爸爸带他去游泳馆，还坚持让爸爸教他游泳。聪明的佑佑很快学会了游泳，而且胆子也变大了，对于富有挑战性的事情，他不再像从前那样本能地逃避了，而是说："这和游泳一样，看起来很吓人，其实没那么可怕。到底有多难，我要自己试一试才知道。"

四、运动可以培养男孩的竞争意识和合作精神

阿里巴巴的创始人马云在 2017 年创办了云谷学校，他在与老师交流教育理念时讲到，他希望孩子们通过运动去学习运动规则、运动精神和运动文化，这样不仅能培养孩子们的竞争意识、规则意识，还能培养他们的团队精神。

小武上学时一直是个学霸，却很少参加体育运动，也不喜欢与人交流。参加工作后，他到一家外企任职，虽然工作能力很强，但做事却喜欢以自我为中心，很难与他人合作，结果常常被同事孤立，导致工作难以推进。

雷雷是小武的同学，虽然上学时成绩平平，但他喜欢参加各种体育运动，走上工作岗位后如鱼得水。因为雷雷通过体育运动提升了合作能力、抗压能力、适应能力和沟通能力，在工作中进步很快。由于表现突出，受到一致好评。

在男孩的成长过程中，很多父母能够有意识地让男孩多参加体育运动，却不知如何为男孩选择合适的运动项目。其实大多数父母让男孩参加体育运动不是为了让他长大后从事体育事业，而是为了让他养成热爱运动的习惯。所以不必太纠结，父母可以根据男孩在不同年龄阶段的运动能力和需求，帮助他选择喜爱的运动项目。

1~3 岁的男孩，需要提高他们的运动协调能力，可以选择一些简单的运动项目并配合游戏进行，比如攀、爬、跑、跳、抓等运动形式。

3~5 岁的男孩，适合进行户外运动，可以选择男孩喜欢的运动项目，

如跑步、跳绳、体操、摸高、引体向上、游泳、打球等，有针对性地进行综合训练。

5~7岁的男孩，处于第一个生长发育高峰期后的缓冲阶段，各项身体机能发育较缓慢，所以不能让男孩进行长时间、高强度的体育运动。这个时期可以让男孩选择滑冰、游泳等项目，让男孩了解运动规则，培养男孩的团队精神。

8~12岁的男孩，处于力量、速度和耐力爆发的初期，可以定向培养男孩的运动能力，但要避开对抗性强的体育运动，以保护男孩的正常发育。一般这个年龄段的男孩都有自己喜欢的体育项目，除此之外可以让男孩选择乒乓球、网球、羽毛球、体操、游泳等体育项目，作为定向培养的体育爱好。

13~16岁的男孩，处于身高增长最快的阶段，平均每年可增高6~12厘米。这个阶段可以让男孩交替进行跑、跳、游泳、柔韧练习，并加强肉、蛋、奶、豆制品、蔬菜和水果的营养补充，同时保证充足的睡眠，为男孩的快速生长提供坚实的后勤保障。

当男孩喜欢上某项运动时，父母一定要鼓励男孩坚持下去，不能半途而废。首先要保证足够的运动时间，同时还要平衡好学习和运动的关系，为此父母要和男孩提前沟通好。

此外，父母要避免男孩在运动中发生意外伤害。首先要做好运动前的准备活动和运动中的防护措施。尤其是男孩正处在身体快速发育的时期，骨骼相对脆弱，当受到强烈的撞击时，可能会受伤或影响体内骨骼组织的发育，因此，父母应给予适当的运动监护。孩子在进行专项运动时，一定要确保在专业教练的指导下进行。其次，在孩子参加运动期间，父母要为孩子提供充足的营养，保证孩子茁壮成长。

运动是男孩成长过程中的一门必修课，多参加运动对男孩有诸多好处，所以父母一定要培养男孩的运动习惯，尽量为男孩创造运动机会，提供良好的运动环境和条件，鼓励男孩持之以恒地进行运动。坚持运动的男孩也会把坚持的精神用在生活和学习中，当坚持成为一种习惯，男孩的生命也被赋予一种新的可能。

改掉男孩做事马虎的坏毛病

胡适先生是一个眼光敏锐，胆大心细，具有一丝不苟的求实精神的人，他曾写过一篇《差不多先生传》，嘲讽那些做事不认真的人。

胡适用差不多先生的故事，揭露了某些人"从处事不认真到处世不认真"，以至于在"差不多"的怪圈里枉度一生。

所谓"失之毫厘，谬以千里"。认真，是一种生活态度。想要成就一番事业，必须有一种认真的态度。所以父母要从小培养男孩做事认真、精益求精的习惯，使男孩建立起责任感，成为一个愿意尽己所能把事情做到极致的人。

一、培养男孩认真做事的态度

父母要从小教育男孩遵循两条原则，一是"自己的事情自己做"，一是"自己的行为自己负责"。这样可以约束男孩按规范做好每一件事，让他养成做事认真的习惯。

比如让男孩收拾、整理自己的玩具和书本；每天自己刷牙、洗脸；早晨自己规划时间，保证上学不迟到。还可以分派给男孩一些简单的家务，比如整理房间、倒垃圾、浇花、洗碗等，培养男孩作为家庭一员的责任感。

当男孩做错事时，父母要教导他对自己的错误行为负责，勇于承担错误带来的后果，并弥补错误造成的损失。当男孩意识到犯错的成本巨大时，就会反思自己下次能不能再这样做。

二、培养男孩认真学习的态度

男孩对待学习的态度，会演变成他以后对待工作的态度，所以父母一定要引导男孩养成认真学习的态度。一般来说，男孩的学习习惯在小学三年级就会基本形成，所以一到三年级是男孩学习习惯养成的重要阶段。

首先要让男孩养成认真听课的习惯。有的男孩喜欢上课"开小差"，总是东张西望，做各种小动作，注意力不集中，或者与同学交头接耳。

出现这种问题，父母要及时与老师沟通，配合老师分析男孩上课不专心的原因，排除男孩听课时的各种干扰，培养男孩的专注力。此外还要保证男孩有充足的睡眠时间。有的男孩在课外提前学了一些课堂的知识，学习时就会心不在焉，认为反正自己已经学会了，就不必认真听讲了。这个时候父母一定要及时纠正男孩的想法，告诉男孩"温故而知新"和认真听课的重要性。因为在学习初期，培养男孩认真听课的习惯比获得一个好成绩更重要。

其次要让男孩养成认真做题的习惯，包括认真审题、仔细做题、耐心检查和质疑问难的习惯。认真审题是做对一道题的前提条件，审不清题目，后面的一切努力都白费；做题时要确保思路正确无误地落到实处，保证做题的正确率；耐心检查可以发现审题和做题过程中的失误，坚持"一步一查"的习惯，可以找出错误的源头并纠正发现的错误；质疑问难旨在让男孩攻克知识中的难点和重点，养成勤于思考、勤于问教的习惯。

三、帮助男孩及时纠正粗心大意造成的失误

失败是成功之母，有的时候，只有通过试错才能找到正确的方法。父母要鼓励男孩准备一个"错题本"，让男孩通过整理错题，明白自己的错误所在并及时改正，做到"吃一堑，长一智"。

比如父母可以和男孩一起整理作业中写错的字、考试中做错的题，一起分析错误的原因，并教导男孩加以改正。通过认真找错和改错，培养男孩认真做事的习惯。

四、多表扬，少批评

父母在教导男孩时，要多用肯定句表扬和鼓励他哪些事做得严谨、细致，少用否定句提醒和批评男孩哪些地方做得不够好。因为男孩对于做事的规范性还没有形成清晰的认知，不断强调他做得不好的部分，反而会强化男孩的粗心问题。

比如当男孩乱放玩具、不好好整理房间时，父母不要一味地批评男孩"你怎么又不收拾好自己的玩具""东西该怎么放，你不知道吗"，而要告诉男孩"玩具要放回玩具盒里""东西从哪儿拿的要放回哪儿去"。父母还要在男孩认真地收拾玩具和仔细地整理房间时，表扬男孩的细心行为，也可以把男孩细心的行为以小红花的形式予以展示，作为对男孩的鼓励，激励男孩继续认真做事。

五、培养男孩整齐有序的生活习惯

要做到生活井井有条、整齐有序，男孩必须认真做好每一件事，马马虎虎只会让生活乱成一团。比如让男孩分门别类保管好自己的物品，制定作息表，雷打不动地坚持卫生习惯等。

鲁迅先生曾经说过："中国四万万的民众害着一种毛病。病源就是那个马马虎虎，就是那随它怎么都行的不认真态度。"做事不认真是很多人都容易犯的毛病，也是一个人做事失败的原因之一。

父母要教导男孩改正做事马虎的毛病，以认真的态度对待生活中的每一件事。毛主席曾说过："世界上就怕'认真'二字。"记住，态度决定一切，细节成就完美。

改掉男孩过度使用电子产品的坏毛病

周末，爸爸妈妈和小姨带着淘淘去公园玩，没逛一会儿淘淘就开始喊累，爸爸说背着他，他又吵着说逛公园没意思，非要玩妈妈手机里的游戏。妈妈一开始不同意，对淘淘好好说教了一番，谁知淘淘一听不让玩，立即大哭大闹起来。周围好多人都在看他们，最后妈妈只好妥协，把手机拿出来给淘淘玩。

一旁的小姨对淘淘的妈妈说："淘淘才6岁，已经戴上近视眼镜了，你怎么还让他玩电子产品呢？"

淘淘的妈妈无奈地叹了口气："我也知道老玩手机不好，可是他已经养成习惯了。小的时候他一哭闹，我们就用动画片和游戏来哄他，他立马就安静下来了。当时我们也忙，觉得这个办法省事，就一直这样哄他，可是没想到他后来对手机越来越迷恋，不让他玩就打滚耍赖。"

在生活中，像淘淘这样对手机、电视、平板电脑等电子产品痴迷的男孩有很多。他们有的不开电视就不吃饭；有的不让玩手机游戏就大哭大闹；还有的看起动画片或打起游戏来就没完没了，把其他事情一股脑全忘掉。

男孩沉迷于电子产品，很多家长担心男孩的视力出现问题，其实男孩沉迷于电子产品的危害不只是容易造成近视，还容易引起肥胖、大脑发育不良、做事注意力不集中、远离现实世界、社交障碍等问题。

《纽约时报》的一篇文章介绍，根据调查，来自低收入家庭的青少年平均每天在电子屏幕上花费的时间为8小时左右；而来自高收入家庭的同龄人，大约只花费5个小时的时间，而且大部分用在学习和社交上。从总的趋势来看，精英家庭正在引导孩子理性地使用电子产品。

微软公司的一位主管皮埃尔·洛朗说："生活在硅谷的人很清楚，大数据、人工智能是未来发展的核心。但这些不是你从小开始玩手机，长大后就能擅长的。"

孩子沉迷于电子产品，家长要负很大一部分责任。现代社会，大部分人有"手机上瘾症"：白天微博、小视频刷不停，晚上朋友圈、电视剧看不停。这其实是一种"行为成瘾"，即一种能让你暂时快乐，但会损害长期正常生活的行为。"行为成瘾"能激活人大脑中满足社会交往和精神刺激等基本需求的部位。有研究表明，沉迷于网络游戏的人的大脑影像和吸食海洛因者的大脑影像极为相似。

很多家长难以抵制手机的诱惑，回到家在孩子面前也是手机不离手，给予孩子负面的影响。还有一些家长平时工作特别忙，而男孩又比较顽皮，这些家长早早地给男孩买了手机、平板电脑等电子设备，只要孩子能保持安静，不吵不闹，就让孩子随便玩。这些父母明明知道玩电子产品对孩子不好，但当在现实生活中真正面临选择时，他们更倾向于"图一时之方便"，而忽视了对孩子的正确引导。

男孩喜欢电子产品的原因之一是社交需求，为了引导男孩改正过度使用电子产品的坏毛病，家长必须在现实生活中满足他的社交需求。父母不要天天抱着手机刷屏或者丢给男孩一个手机让他自己玩，而是要抽出更多的时间陪男孩玩耍，让男孩的内心获得满足，充满快乐，这样他就不需要去虚拟的世界里寻求快乐了。

在信息技术已经渗透到社会各个领域的信息时代，让男孩与电子产品完全隔绝是不可能的，毕竟男孩在社交和学习中都要用到电子产品。就像大禹治水一样，堵是堵不住的，关键在于正确地引导。

一、合理控制"屏幕时间"

美国儿科学会对儿童的"屏幕时间"有明确的建议：1岁半以下的宝宝禁止使用任何电子设备，除非是与家人视频通话；2~5岁的儿童每天使用电子设备的时间不要超过1小时；6岁以上的学龄儿童和青少年每天的"屏幕时间"应限定在两小时左右。

对于上小学的男孩和学龄前男孩，父母不应该给他们买手机和平板电脑，需要用的时候找大人，在大人的监管下严格控制使用时间。父母可以为这个年龄段的男孩佩戴电话手表，一方面便于联系，另一方面也可以培养男孩的时间观念。

对于上了中学的男孩，由于学习和社交需要，父母很难严格控制他们使用电子产品的时间，而且他们对电子产品的了解程度远远超过父母。这个时候父母需要激发男孩的自律精神，引导他们有效地利用电子产品，学会自我管理，即自己控制上网、看视频、打游戏的时间。父母可以与男孩"约法三章"，比如约定男孩做完作业后可以有半小时用来打游戏或者上网，这样学业和娱乐兼顾，男孩更容易坚持，一段时间后男孩就能养成先做作业后娱乐的习惯。父母还可以和男孩一起制定日常活动计划表，规划好写作业时间、游戏时间和户外活动时间，让男孩的生活丰富多彩、井然有序。

二、合理选择电子产品

互联网应用程序和社交软件的一大特点就是特别吸引人的眼球，善于利用人性的弱点，让人欲罢不能。基于这一设计，各种应用软件、小程序、视频、游戏都非常炫目，能及时满足人的感官需求。判断力和自控力较弱的男孩很容易被形形色色的电子产品诱惑，所以男孩下载什么程序，看什么节目，玩什么游戏，父母不能不闻不问，要尽到监管和引导的责任。

父母可以引导男孩选择那些有利于他成长、对他的学习和生活有帮助的电子工具，比如可以教男孩学会使用各种搜索引擎查阅学习资料、获取最新信息，使用学习类软件拓展知识，使用电子书进行阅读，使用地图、天气预报等生活工具获取生活信息。

娱乐方面，那些让男孩坐着不动也不动脑的纯娱乐视频，比如搞笑的动画片、重复性的机械小游戏是不建议选择的。因为重复的行为会使大脑处于休眠状态，可能把男孩的大脑变成"傻瓜机"。父母可以选择如电视乒乓球或带体感设备的游戏软件，让男孩在室内玩耍、运动，即使在冬天也可以让男孩锻炼身体。

创造性方面，可以为男孩选择输出多、需要动手动脑的电子产品，比如用平板电脑涂色、画画、练字，模拟弹奏各类乐器等。

总的来说，电子产品让男孩沉迷于虚拟世界，不利于男孩正确地了解现实世界，所以父母可以选择贴近现实的节目，尽量让男孩了解现实世界的本来面目。比如给男孩看《人与自然》《动物世界》《航拍中国》等纪录片，激发男孩对大自然的热爱，从而吸引男孩主动走进自然、探索自然。

三、增强男孩的判断力

在信息社会有个词叫"信商"，和智商、情商一样，信商也是当今

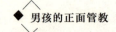

男孩的正面管教

人类不可或缺的一项能力。培养男孩的信商就是培养男孩判断信息的能力，使他能够区分有价值的信息和垃圾信息。

信息时代，男孩即使在上网查资料时也容易被各种信息干扰，往往一个小时能写完的作业拖了几个小时还未完成，这时父母就要教男孩如何主动寻找和选取自己需要的信息，屏蔽无用信息。比如和男孩一起分析，为什么几个小时还完不成作业，时间都浪费到哪儿了？找出最浪费时间的部分仔细分析，教男孩学会放弃那些重复推送的信息和与自己需求不符、混淆视听的信息。告诉男孩，一次只专注地做一件事才能把事情做好，告诉他提高专注力、提高学习效率是多么重要。

四、帮助男孩摆脱对电子产品的依赖

电子产品吸引男孩沉迷于虚拟世界，削减男孩社交活动的同时，也使男孩的课余生活变得单调乏味。为此，父母要坚定且温柔地鼓励男孩多接触现实世界，增强男孩的现实感知能力，比如可以带男孩参加户外活动，亲近大自然，主动结交朋友，参加团体活动；或者陪男孩一起玩玩具、读书、画画等。这些活动不仅能阻断男孩对电子产品的依赖，也能让男孩养成良好的习惯，还能增进亲子感情。

五、父母以身作则，戒掉"手机上瘾症"

在生活中，很多父母自己整天抱着手机玩，却指望孩子能在一旁认真学习。当男孩沉迷于电子产品时，父母应该反思一下，自己是否为男孩做了一个好榜样？如果自己花费很多时间刷屏、玩游戏，那么男孩耳濡目染，也会患上"行为瘾症"。

有些父母说自己也控制不住，上班太累，下了班就想玩会儿手机放松一下。这种想法无可厚非，但是过度玩手机，则会让人虚度生命。手机上瘾的父母不妨试试以下几个办法，慢慢戒掉"手机上瘾症"。

首先，回家后将手机调成振动或静音模式，每隔半小时看一下有无需要办理的事情，或者将重要的信息设置成消息提醒模式，对于 QQ 群、微信群等聊天群可以设置成免打扰模式，这样能避免一直看手机。其次，要养成健康使用手机的习惯，比如晚上睡觉前 1 小时不动手机，睡前一直刷屏会刺激睡眠系统，导致失眠；可以将手机放到客厅，入睡前用看书代替玩手机；还可以在周末设置一天或半天的"无手机时间"，摆脱对手机的依赖。

大人控制自己不沉迷于电子产品尚且不容易，何况是自制力和判断力更弱的孩子！所以父母一定要有耐心和恒心，在引导男孩合理使用电子产品上花费足够多的时间和精力。教育，不只是教育孩子，也包括父母的自我教育。父母只有与孩子一同成长，才能用一个生命影响另一个生命。

5

第五章

提升男孩的学习能力

做兴趣的主人

在我看来，一个人真正的成功，不在于他毕业于哪所大学、从事什么职业、住什么样的房子，而在于他能以自己喜欢的方式度过一生。同样，男孩的学习成果不在于他学会了多少东西，而在于他能按照自己的兴趣把一件事做到极致。

小煜的妈妈参加小煜的幼儿园毕业典礼时，看到小煜的同学在台上神采飞扬地演奏钢琴，一曲奏毕，台下掌声雷动，小煜的妈妈不禁投去羡慕的眼光。典礼结束后，小煜的妈妈拉着小煜跑过去向男孩的妈妈求教，问她："你家宝贝是如何把钢琴练得那么好的？"那位妈妈很热情，不仅耐心地介绍了自己是如何引导儿子练琴的，还说了一大堆练琴的好处。小煜的妈妈本来就喜欢钢琴，如今一听，更是动了心，下定决心要给小煜买钢琴、报钢琴班。

小煜的妈妈雷厉风行地把钢琴买进家，钢琴老师也请好了，活泼好动的小煜却不干了。

"妈妈，我不想学钢琴，我想学打拳。"

"不行，你已经够闹腾的了，再学个打拳我还怎么管你！再说了，学打拳没什么用。"

"我喜欢。"

"宝宝听话，你好好学习钢琴，有朝一日也能像你的同学那样在台上表演，多神气！而且有个特长，对你以后考重点中学有帮助。"

"可是我一点也不喜欢钢琴。"

"不行，一定要学！妈妈都是为你好。"

一场讨价还价之后，小煜无奈地遵从了妈妈的意愿，开始学琴。可是小煜生性好动，根本坐不住，刚在钢琴边坐了一会儿，就像屁股上长了刺一样，动来动去。十个手指头摸摸这儿，摸摸那儿，就是不愿意放到琴键上。钢琴老师换了一个又一个，都说小煜对钢琴实在没兴趣，还是算了吧。后来，小煜打死也不练琴了，妈妈也不再催促他了，钢琴成了家里的一件摆设。

小煜的妈妈怎么也想不通，自己用心良苦地培养儿子，为他的未来铺路，为什么最后却得不到儿子的理解和配合呢？她失望极了。

故事中小煜的妈妈不明白儿子为什么不理解自己的良苦用心，其实不理解他人、不尊重他人的正是小煜妈妈自己。作为父母，应该尊重孩子的兴趣，让孩子做兴趣的主人。只有因材施教、因势利导，才能让男孩真正发挥自己的天赋和潜能，有所成就。父母的一片苦心才不会白费。

如果男孩想学理科，就不要强迫他学文科；如果男孩喜欢音乐，就不要强迫他去学绘画；如果男孩长大想当一名外科医生，就不要强迫他去学什么金融。要知道，兴趣是一个人把事情做好的最大的内驱力。在主动努力的过程中，男孩的才华和潜能才能得到充分的发挥。

兴趣是最好的老师，不管是给男孩报特长班还是辅导班，都要尊重男孩的兴趣。如果男孩对所学内容不感兴趣，不仅不会收到预期的效果，还会阻碍男孩情商和智商的发展，使男孩对学习失去兴趣，把学习当成一件痛苦的事，避之唯恐不及。

现在有一些父母抱着"技多不压身"的想法，盲目地为男孩报各种培训班。平时放了学就去补语、数、外，周末去练琴、学画画、学书法，到了暑假就上各种冲刺班，让男孩考级拿证……父母希望男孩赢在人生起跑线上的想法是好的，可是他们却忽略了男孩的感受。盲目报班真的能培养出一个"十项全能"的超级男孩吗？答案显然是否定的。

不堪重负的男孩，开始讨厌、害怕事事为自己殚精竭虑的父母，他们有时互相调侃道："放学后被老师留下来是一件多么幸福的事呀，那样就不用被父母逼着去上各种'兴趣班'啦。"

以兴趣为前提，才能激发男孩的学习动力。

没有真正的笨男孩，只有教育方法不得当的父母和老师。每一个男孩都有自己的兴趣点，父母可以参考以下方法，挖掘男孩的兴趣所在、潜能所在。

一、抛砖引玉

当男孩表现出对一件事情的兴趣时，父母不要从功利的角度加以否定，而是应以此为契机，激发男孩学习的欲望。比如男孩喜欢阅读小说，父母不要以读"无用之书"耽误学习为由，扼杀男孩的阅读兴趣。父母可以为男孩推荐古今中外大师们的经典作品作为阅读材料，这样不仅可以激发男孩的阅读兴趣，还能提高他的阅读能力，拓展他的知识面。当男孩遇到阅读障碍时，他自然会为了阅读得更流畅、更深入而加强语文基础知识的学习，从而不知不觉地投入到自主学习中去。

二、顺藤摸瓜

利用男孩对一个事物的兴趣，引导男孩对相关的知识进行探究，从而扩大男孩的涉猎范围。比如男孩喜欢读金庸的小说，父母可以引导男孩去读金庸的传记，了解金庸的生平；读到传记中金庸提到的那些他崇拜的名家，就去读那些名家的作品，了解金庸的创作受到哪些名家的影响。如此层层推进，男孩的阅读兴趣就从小说逐渐拓展到传记、散文乃至诗歌、评论。

三、草船借箭

男孩都有"好为人师"的心理，在培养男孩的学习兴趣时，父母可以故意抛出问题向男孩求教，激励男孩通过查阅资料或请教他人获得答案。比如父母可以问男孩，锅里的水怎么越烧越少了？水都去了哪里？然后引导男孩通过查阅百科全书、上网搜索、请教老师等方式找到答案。这样一来，男孩不仅学到了新知识，还掌握了科学的学习方法。父母这种"授之以渔"的引导方式可以让男孩终身受益。

四、积跬步，行千里

男孩的学习兴趣源于其内在知识体系的不断完善。父母可以教男孩通过画思维导图来梳理知识要点，运用文字、图画建立知识框架，通过日积月累充实自己的知识体系。

总而言之，在培养男孩学习兴趣这件事上，父母一定要尊重男孩的意愿，让男孩做兴趣的主人。同时因材施教，为男孩提供必要的条件，帮助男孩将兴趣发展成特长，挖掘出每个男孩身上独一无二的天赋和巨大的潜能。

好问题比好答案更有价值

苏格拉底曾经说过："人类最高的智慧就是向自己或向别人提问。"而他之所以能成为一个伟大的哲学家，和他善于提问是分不开的。

柏拉图在《理想国》中说，苏格拉底喜欢问一连串的问题，常常把交谈者问得茫然无措，然后启发对方思考事物的本质。比如他给学生上课时，第一句话就是提问："什么是美？""什么是美好？"这种苏格拉底式的教学方法后来被西方很多大学沿用。

《提问的艺术》一书的作者安德鲁·索贝尔通过走访成功人士了解到，他们成功的秘诀之一就是提出了正确的问题。他说，"提出好问题"远比找到问题的答案更重要。

对于正在认知世界，尝试与世界友好相处的男孩来说，学会提问的艺术可以让他获得更多的人生启示。

男孩不断地问"为什么"的年龄，是他的想象力、求知欲、创造力和学习能力快速提升的阶段，父母的正确引导可以促进男孩好奇心和求知欲的发展。

提问还可以提高男孩的交际水平。在与人交往中，善于倾听和善于提问是打开对方话匣子的两把钥匙。当男孩用"接下来发生了什么""你当时是怎么想的"之类的问题与对方交流时，对方就会不断说出自己内心的想法。同时，对方也会感受到男孩的友善和自己被关注的快乐，一场倾心的交谈能够增进双方的友谊。另外，当男孩与伙伴沟通时，把问题抛给对方，可以激发对方提出一个好的方案并乐于执行。比如，男孩不想把自己最喜欢的战斗机让给伙伴玩，他能接受的方案是两个人一起玩，但是顾及彼此的友谊，男孩不好意思说出自己的想法，怕对方说他小气。这个时候男孩可以把问题抛给对方，比如问小伙伴："你想一个人玩战斗机吗？""你想和我一起玩吗？"让小伙伴主动提议与男孩一起玩战斗机，这样既不会伤害两个人的友谊，又能让彼此都感到满意。

问"生存还是死亡"的莎士比亚，成为著名的剧作家；问"我是谁"

的苏格拉底，成为伟大的哲学家；问"我能不能追上光"的爱因斯坦，发现了相对论；问"这是你能做到的最好的了吗"的乔布斯，使得苹果手提电脑的开机速度提高了28秒。

关于提问的作用，那些在各自领域取得非凡成就的人们用他们的事迹给出了最好的答案。而如何引导男孩爱上提问并提出好问题，是父母们必须认真思考的"问题"。

一、父母要耐心回答男孩提出的"为什么"

爱迪生从小就是一个爱"打破砂锅问到底"的人，在学校里，老师们被他无数个"为什么"问到无可奈何，而爱迪生的父母不但认可爱迪生提问的兴趣，还把他带回家亲自教授知识。每当爱迪生问妈妈"为什么"的时候，当过教师的妈妈都会微笑着把答案细心地讲他听，为爱迪生成为一名伟大的发明家提供了良好的启蒙教育。

生活中有些父母因为工作忙碌和身体劳累，每每在男孩提出问题时，或者表现得不耐烦或者以敷衍的态度胡乱解答一两句，有的甚至用"不是早告诉过你吗，你怎么还问""你不要再问这么无聊的问题了""你怎么那么多问题，快点闭嘴"，诸如此类的粗暴话语制止男孩提问。殊不知，这对一个男孩来说是多么沉重的打击，不仅会挫伤他的好奇心和求知的欲望，还会让他不断地否定自己。

二、父母要启发、引导男孩提出好问题

当男孩提出一个问题时，父母不要急于回答，可以进一步问男孩："还有与此相关的问题吗？"激发男孩主动地从不同的角度去思考、提问、观察和求索，从而找到解决问题的途径。

比如男孩问："妈妈，我为什么心情不好？"此时男孩心里其实是有答案的，只是他不愿意仔细想。妈妈可以反过来问男孩："你觉得是为什么呢？"这样可以激发男孩自己去动脑筋思考，探知内心难过的原因，男孩在讲述的过程中会不知不觉地使负面情绪得到释放。再比如，当男孩问："两条平行线为什么不能相交？"对于这种抽象的问题，父母可以把它引到男孩熟悉的事物上，比如父母可以反问男孩："你说如果两条铁轨相交会怎么样？"这样问一定会让男孩恍然大悟，自己体会出其中的道理。

三、父母要引导男孩自己找寻答案

当男孩遇到一道不会解答的数学题，父母可以让男孩讲讲他的思路，讲出哪个关键点想不通。男孩讲述的过程其实就是一个梳理思路的过程，这会刺激他主动思考，在大脑里搜索与此相关的数学知识，慢慢理清思路，最终自己找到答案。

当父母发现男孩做错题时，不要直接指出男孩错在哪里，而要让男孩讲讲他的思考过程和计算步骤，让男孩通过讲解自己发现错误，这样不但保护了男孩学习的积极性，还会让男孩体会到找出问题的成就感，从而提高男孩的学习兴趣。

此外，当父母遇到不会解答的问题时，不能不懂装懂或敷衍男孩，因为父母解决问题的态度和方法会潜移默化地对男孩产生影响。父母不求甚解、囫囵吞枣，男孩也很可能变成"差不多"先生；父母刻苦钻研、孜孜以求，通过各种工具搜寻问题的答案，男孩也会秉承父母这种求真务实、勤奋好学的精神。

《瓦尔登湖》的作者梭罗曾在日记中写过这样一句话："今天，我得到的最大恭维就是有人问我，我是怎么想的，并真诚地聆听了我的答案。"每个人都有被提问的需求，就像有被倾听的需求一样，父母教导男孩学会提问的艺术，不仅解决了"如何提高男孩学习的积极性"这个问题，还教会了男孩为人处事的哲学。

六经注我，非我注六经

有人问宋代理学家陆九渊为何不著书，陆九渊答道："六经注我！我注六经！"这句话的意思是说，一方面，他要尽量理解六本经书的本义，探寻其中的原始奥秘；另一方面，他要利用六经的知识来阐述自己的思想。

现在我们把"我注六经"和"六经注我"看作是两种不同的学习方法。"我注六经"是指埋头苦读法。比如在学校里，学生按照教学大纲的要求学习，老师负责讲课和板书，学生负责听课和记笔记；课后学生要认真背诵，牢记上课时老师教授的知识，做大量习题来巩固这些知识，从而做到熟记于心。这是学生学习功课必须要经历的一个过程，而且只要孩子能够坚持，父母能适当地予以监督，这种学习方法是一种很简单的方法。

比"我注六经"更高级的学习方法是"六经注我"。它是指将所学的知识融会贯通，变成自己的思想，这是更高的学习境界，具体可分解为三种方法。

一、"取我所需"学习法

现在普遍流行一种"拿来主义"的学习方式，就是老师教授什么，学生就不加思考、不加选择、"照猫画虎"地全盘接受什么。表面上看是学到了知识，其实根本不会活学活用。当需要他们解决问题时，这些知识却是死的，变成了毫无用处的摆设。

拿学习数学来说吧，就算男孩把全书的数学定理、公式一字不差地全部背诵下来，他也不一定会解题。所以在男孩学数学时，父母要引导男孩对定理深入思考，理解它吃透它，重点是要明白哪些问题需要用到哪个公式、定理，这个公式、定理能解答哪些问题。

当男孩学习语文时，父母要教导男孩不去死记作者的观点，而是从作者的观点中得到启发，充实和完善自己的观点。比如男孩看作文书，优美的字句固然需要积累，但更重要的是打开思路，形成自己的观点，

◆男孩的正面管教

男孩身高对照表
中国标准版（2020年）

身高(cm)／年龄	矮小	偏矮	标准	超高
1岁	71.2	73.8	76.5	79.3
2岁	81.6	85.1	88.5	92.1
3岁	89.3	93.0	96.8	100.7
4岁	96.3	100.2	104.1	108.2
5岁	102.8	107.0	111.3	115.7
6岁	108.6	113.1	117.7	122.4
7岁	114.0	119.0	124.0	129.1
8岁	119.3	124.6	130.0	135.5
9岁	123.9	129.6	135.4	141.2
10岁	127.9	134.0	140.2	146.4
11岁	132.1	138.7	145.3	152.1
12岁	137.2	144.6	151.9	159.4
13岁	144.0	151.8	159.5	167.3
14岁	151.5	158.7	165.9	173.1
15岁	156.7	163.3	169.8	176.3
16岁	159.1	165.4	171.6	177.8

充足的睡眠　均衡的饮食　合理的运动

毕竟，文章是思想的表达，识高文自胜。

二、研究式学习法

男孩如果只把自己当成一个学习机器，不断输入各种知识而不去输出的话，学习效果不会好，也背离了学习的初衷。而要能够有效地输出，最好采取研究式学习法。

老师和家长经常提醒男孩不要为了学习而学习，要为了"用"而去"学"。研究和解决问题，不但可以激发男孩学习的动力，还为男孩提供了一种更高效的学习方法。比如让男孩去背诵关于植物的诗词，男孩会觉得乏味，没有兴趣。如果让男孩去研究哪些古诗词是描述植物的，《诗经》里提到哪几种植物，这些植物有什么特征、有什么寓意，让男孩自己去查找资料，去归纳整理。等男孩做完这些功课，这个时候再让男孩去背诵，就变得容易多了。这种变被动学习为主动研究的学习方法，一方面将某个知识点加以拓展，开阔了男孩的视野；另一方面也让男孩养成穷根究底、不懈探索的治学精神，为将来攀登学术高峰打下扎实的基础。

三、"遗忘式"学习法

哈佛大学前校长詹姆斯·B.柯南特曾说过："教育就是当你忘记了之后，还能记得的东西。"在求学阶段，男孩必须学习很多知识，建立自己的知识体系，但在实际应用中，却要学会遗忘，过滤掉无用的知识，筛选出能用到的知识来解决实际问题。

有的男孩拥有"照相机"般的记忆力，能将看到的知识以照片的形式存储到大脑里。这种超强的记忆力确实非常好，但要解决问题，仅凭强大的记忆力是不够的。比如男孩记住了很多力学定理，当遇到关于力学的习题时，却不知道该用牛顿运动定律还是万有引力定律，思绪纷繁，越解越乱。

大脑的遗忘功能可以使人过滤掉不重要的信息，重要的信息在被重复回想和利用时就会理解得更深刻。解决问题时大脑需要提取相关信息，如果垃圾信息太多就会堵塞思路，所以父母要教导男孩学会提纲挈领，不能眉毛胡子一把抓。

《庄子》曰："筌者所以在鱼，得鱼而忘筌。"学习的过程也是这样，不仅垃圾信息需要剔除，而且那些书本上的知识也不能死抱住不放。学以致用才是学习之道。

　　"六经注我，非我注六经"的学习方法旨在培养男孩主动学习的习惯，唤醒男孩内在的驱动力，使男孩通过自主思考和主动寻找答案来提高学习的兴趣和效率。死学学死，活学学活，知识的内在逻辑都是相通的，只要父母教导男孩掌握正确的学习方法，就可以让他终身受益。

培养男孩热爱阅读的习惯

三毛说:"读书多了,容颜自然改变,许多时候,自己可能以为许多看过的书籍都成了过眼云烟,不复记忆,其实它们仍是潜在的,在气质里,在谈吐上,在胸襟的无涯,当然也可能显露在生活和文字里。"读书对一个人的影响潜移默化却又意义深远,不仅能改变人的见识、思想和处世风格,甚至连容颜都能改变。黄庭坚曾说:"士大夫三日不读书,则义理不交于胸中,对镜觉面目可憎,向人亦语言无味。"那么读书对男孩到底有什么样的影响呢?

小强是一个踏实努力的男孩,除了不爱阅读,别的方面都做得很好。学校发的课本和布置的作业他都能认真地对待,从小学到初中,他的学习成绩一直名列前茅。但是到了初三,妈妈发现小强虽然还和以前一样用功,成绩却不尽如人意。渐渐地小强不太爱学习了,成绩下滑得非常厉害。小强的妈妈焦虑、苦恼,她想不明白怎么孩子越大反而越不懂事了呢?

与小强不同的是,平时成绩平平的小军在初三时成绩突飞猛进,冲到了班级前几名。小军从小就痴迷于读书,把大量的时间用来阅读课外书,有时沉醉其中,作业也忘记做。小军的妈妈很支持儿子,不但不责怪他,还帮他一起应对家庭作业,以便留出更多的时间读书。小军一向认为学到知识就可以了,名次并不重要。到了初三,妈妈告诉小军考一所重点高中可以让他遇见更好的老师、更好的同学,还可以享受更多更好的资源,比如在一个更大的图书馆里看书。小军听到有书读,学习的动力大增,他开始重视学习效果,潜力巨大的他很快就成为班里的佼佼者。小军的妈妈感到无比欣慰,她觉得孩子目标远大,而且知道轻重,关键时刻不掉链子。

同样是头脑聪明、充满活力的男孩,为什么一个成绩越来越差,一个却后来居上呢?如果这背后存在一股逆转的力量,毋庸置疑,那一定是阅读的力量。

在小学，甚至初中低年级的时候，男孩凭借自己的聪明才智和刻苦努力就可以取得好成绩，但是到了高年级，没有强大的阅读能力作为支撑，男孩的学习会变得越来越吃力。不是男孩不努力，而是男孩的学习能力跟不上。

长期致力于青少年阅读推广和研究的教育家苏霍姆林斯基说："三十年的经验使我深信，学生的智力发展取决于良好的阅读能力。缺乏阅读能力，将会阻碍和抑制大脑极其细微的连接性纤维的可塑性，使它们不能顺利地保证神经元之间的联系。"他在研究阅读和学习之间的关系时发现，阅读能力决定着智力发展，因为不善于阅读的学生也不善于思考，大脑的智力发育也就相对迟缓。

阅读以文字为载体，而文字是学习一切知识的通用符号，阅读能力强的男孩，"语言系统"发育得更快，理解能力和思维能力也更强。在这种智力基础优厚的条件下，男孩再学习其他新知识往往就会收到事半功倍的效果。

苏霍姆林斯基还指出："为什么有些学生在童年时期聪明伶俐、理解力强、勤奋好学，到了少年时期却变得智力下降，对知识的态度冷淡，头脑不灵活了呢？就是因为他们不会阅读。"阅读量少、不善于阅读的男孩，薄弱的语言理解能力和匮乏的知识储备让他们在面对越来越繁难的课业学习时感到力不从心，而成绩下滑带来的挫败感又把他们的自信心打击得七零八落，结果导致男孩对学习丧失兴趣。

而博览群书的男孩，当他努力学习时，强大的理解能力和丰富的知识储备可以提高他的学习效率，不断进步带来的成就感促使他更热爱学习。就像苏霍姆林斯基说的那样："有些学生在家庭作业上下的功夫并不大，但他们的学业成绩却不差。造成这种现象的原因，并不完全在于这些学生有过人的才能。这常常是因为他们有良好的阅读能力。而良好的阅读能力又反过来促进其智力、才能的发展。"

当课内的学习任务变得繁重时，有些父母一方面担心男孩在学习如此紧张的时候读课外书，身体吃不消；另一方面又怕读课外书占用男孩的学习时间，影响考试成绩。其实这种担心是多余的，俗话说"磨刀不误砍柴工"，提升男孩的阅读能力，其实是为男孩的学习插上了翅膀，可以帮助男孩飞得更高、更远。

在男孩的智力启蒙阶段，阅读是一个重要的启蒙手段，它能促进男孩的智力呈几何级数增长；到男孩上学后，阅读不断填补男孩头脑中的空白，充实他的知识体系；到高年级时，这些发展起来的能力和知识储备会帮助男孩更轻松地完成学业。良好的阅读习惯是男孩成长道路上的发动机，那么父母应该如何帮助男孩养成良好的阅读习惯呢？

一、父母要热爱阅读

好习惯只有在好的氛围下才容易养成。阅读也需要氛围，在一个家庭里如果父母都爱看书，不让男孩看书都难。相反，如果父母整天以看电视、玩手机来打发时光，却要求男孩养成读书的习惯，显然是不现实的。

"书到用时方恨少"，读书的重要性怎么强调都不为过。有些父母正是因为自己小的时候没有读书的条件，所以想大力培养自己的孩子爱上阅读，这种想法是好的。然而现实情况却是，父母逼迫男孩做自己都做不到的事情，会让男孩感到不公平，从而不服从管教，甚至产生逆反心理。

只有父母热爱阅读，陪伴男孩一起阅读，才能激发男孩阅读和求知的欲望。在帮助男孩养成阅读习惯这件事上，父母一定要起到表率作用。在家里或者图书馆，只要父母静静地捧着一本书看，即使什么话也不说，男孩也会自然而然地对书籍产生强烈的好奇心，慢慢地读书就会成为他生活中的一大乐趣，甚至成为一种生活方式。

二、父母要为男孩选择适合他阅读的图书

孩子们喜欢读那些符合他们的心理需求，适合他们的年龄，并且难度适中的书籍。父母可以陪男孩一起选书，在尊重男孩喜好的前提下，为男孩选择既生动有趣，又有助于其智力发展的书籍。

随着阅读量的增加，男孩会慢慢确立自己的选书原则，这个时候父母不要过多地干涉，只要不是那些对男孩有害的书，父母都可以支持男孩去读。先用不挑食的方式培养起男孩的阅读兴趣和基本的阅读能力，随着认知水平的提高，男孩的眼光和品味自然会有所提升，从而对阅读物提出更高的要求。此外，父母可以引导男孩阅读不同种类的图书，从漫画、绘本到科普读物，再到小说、散文、诗歌等文学类图书，都可以让男孩涉猎，在不断开阔男孩视野的基础上，培养男孩博览群书的好习惯。

三、父母要为男孩提供适宜的阅读环境

刚开始对男孩进行启蒙教育时，亲子阅读是最好的方式。父母的陪伴，更能激发男孩的阅读兴趣，使男孩享受阅读的过程。

随着男孩的成长，父母要培养男孩自主阅读的习惯。这时父母可以在家里为男孩开辟一个读书角，摆上一书架男孩爱读且对他有益的书，让男孩体会独自阅读的乐趣。父母也可以在节假日带男孩去书店或图书馆读书，在闹市的角落寻找一处安静之地读书，这既是一种高雅的生活方式，也是一次心灵的修行，可以让男孩对阅读、对人生产生更深刻的领悟。

四、父母可以引导男孩养成借书读的习惯

有的父母认为只要给男孩提供足够多的书，假以时日，他自然会爱上读书。其实，就算给男孩买一屋子的书，没有父母的陪伴和引导，知识也不会自动进入男孩的大脑。

古人曰："书非借不能读也。"与其"可怜架上书生尘"，不如引导男孩从朋友那儿或图书馆借一本喜欢的书来读。因为有时间限制，如果不快点读完，等到把书还回去时，就会有一种"得而复失"的失落感。一想到此，男孩就会有意识地抓紧时间阅读，天长日久，就会养成读书的好习惯。

星云大师说："在等待的日子里，刻苦读书，谦卑做人，养得深根，日后才能枝叶茂盛。"父母若想让男孩厚积薄发，一定要培养男孩热爱阅读的习惯。这种持续的自发生长的能量积累到一定程度，就会让男孩在未来的某一天不飞则已，一飞冲天；不鸣则已，一鸣惊人。

理性地看待分数

哲学家弗洛姆曾说过，现实生活中有许多为实现目的而采取的手段及活动，已越来越篡夺了目的的地位，而目的本身却成为模糊的、非真实的存在。

在家庭教育中，很多父母在看待男孩的学习成绩这件事上就犯了类似的错误，过分看重分数，而忘记了让男孩学习的真正目的。

上小学一年级的帅帅，成绩在班里属于中上等水平，父母平时对他的期望很高，帅帅也总想考个好分数，向父母证明自己。这天期末考试成绩下来，帅帅一路小跑地回到家，兴冲冲地对妈妈说："妈妈，我语文考了 98 分，数学考了 99 分！"帅帅张着笑脸等待妈妈表扬，可妈妈上来就劈头盖脸地问他："你们班有没有考 100 分的？考双百的有没有？"神采飞扬的帅帅顿时一脸的沮丧，低声说道："有。"妈妈脸上闪过一丝不满的表情，一边忙手里的活儿，一边带点讽刺地说："没考 100 分，你有什么好高兴的？人家能考双百，你怎么就不行！考试的时候就不能细心点儿、多检查两遍吗？"

帅帅听着妈妈的话，惭愧地低下了头，他不明白自己明明进步了，为什么还不能让妈妈高兴？他甚至怀疑妈妈不爱自己了。

在妈妈的影响下，帅帅升到二年级后更在意成绩了。他拼命地学习，平时很少和同学玩，回到家就一头扎进课本中，真正成了"两耳不闻窗外事，一心只读圣贤书"的"分数奴"。让人欣慰的是，帅帅在期中考试时终于考了双百，他兴奋地跑回家告诉妈妈这个好消息，妈妈一听也很高兴，但是回头就撂给他一句话："别骄傲，继续保持啊，争取每次都考双百。"

按理说考了双百应该高兴，可是帅帅却怎么也高兴不起来。他开始担心自己下次考不了双百，妈妈又会不高兴。想到这儿他又沮丧起来，在他幼小的心灵里，分数变成一座大山，学习也像个恶魔一样让他害怕和厌烦。

二年级接近期末考试的时候，老师和同学们发现帅帅有些异常。整天不说话、不笑，也不和同学玩耍；听课时心不在焉，作业写得乱七八糟，期末考试成绩一塌糊涂。

其实，帅帅不仅学习成绩下降了，而且对学习越来越没有兴趣，更糟糕的是他的心理也出现了问题。最终，帅帅不得不休学半年。

从故事中我们看到一个功利性极强的妈妈，一个被分数压垮的羸弱男孩和一个让人惋惜的结局。帅帅的妈妈把学习的目标定成考试得满分，用批评和冷漠来刺激帅帅考满分。她从来没关注过帅帅的学习能力、学习方法、学习态度和学习兴趣，更没有在乎过帅帅到底学到了多少知识，她在乎的只是分数。

父母把男孩的学习功利化，只追求分数，就会在不知不觉中把男孩的学习引向歧路，使男孩产生畸形的学习动机，在虚荣心的驱使下，变得目光短浅和急功近利，最终让男孩偏离学习的正途。这样的教育，不仅使男孩丧失学习兴趣，成绩下滑，还可能使其身心受到伤害。

父母过分看重分数的功利心会误导男孩的学习动机。功利心驱动下的学习动机太强或太弱都会影响男孩的学习成绩和学习状态。就像一个弓箭手，他一心想获得冠军，在比赛时，时刻注意自己搭箭的动作对不对，射箭的身姿帅不帅，对手的状态好不好，台下的观众安不安静。他的注意力大都分散到射箭以外的事情上，那么在比赛中很难取得好成绩。当然，如果男孩学习的动机太弱，不把学习当一回事，不努力，不上进，想取得好成绩也是不可能的。

想要男孩取得一个好成绩，父母需要做的不是强行要求，反而是不做要求，即无为而为。父母要引导男孩把知识学透彻。只要知识学得扎实，自然能取得好成绩。

路路的妈妈从来不过分关注他的考试分数，她只是默默关注他的学习情况。路路成绩好，妈妈当然很高兴，但是从不会因为路路考试成绩差而表现出失望的神情或责备他，反而会安慰路路："失败是成功之母。这次考得不好，正好可以让你找出学习上的漏洞，发现自己的问题。只要把不会的知识补起来，下次肯定能考好。"听妈妈这样说，路路很快就从沮丧的情绪里走了出来，信心百倍地投入到下一轮学习中。

对于试卷上的错题，妈妈从不会指着试卷责骂路路"你怎么这么笨""怎么这么粗心，不会多检查两遍吗"，而是让路路自己再做一遍错题。凡是路路通过自己的努力做对的，妈妈都会给他把丢掉的分数找回来，加在考试分数上。如果所有的错题都改对了，妈妈就会用红笔在试卷上写一个大大的"100"。这样做不但提高了路路的学习兴趣，也提升了路路的自信心，路路越学越有劲，考试分数也一路飙升。

那些不在教育方法上多思考，不关心男孩的学习情况，只在考试分数上对男孩步步紧逼的父母，最后多半会尝到教育失败的苦果。

叶圣陶先生说："分数并不代表知识，更不是衡量孩子学习好坏的唯一标准。"所以，父母要理性地看待男孩的考试分数。事实证明，不斤斤计较于分数的父母，更容易培养出一个"高分"男孩。

引导男孩摆脱厌学情绪

学习是学生的天职，就像每个人都有职业懈怠期一样，男孩在学业上也会有学习动力不足、缺乏学习兴趣、不想学和讨厌学的时候。

学习新知和探索未知本来是生命自发的内在需求，可是在现实生活中，由于各种原因，致使男孩出现厌学行为。

在高考体制的影响下，老师和家长都偏爱学习成绩好的孩子，男孩只有成绩好才能得到认可，成为人见人爱的"好学生"。而成绩平平的男孩却没有什么存在感，即使被关注，也是因为考试成绩不好被老师和父母训斥，甚至自己也会否定自己。

心理学中的"行为主义"理论表明，人们会倾向于多次重复那些能带来愉悦体验的行为，而拒绝和逃避那些带来不快体验的行为。所以，男孩在学习的过程中，如果不断积累不愉快的体验，比如被否定、被厌烦、被训斥等，他就可能出现拒绝和回避学习的行为，从而导致厌学。

一般低年级男孩厌学的表现是：害怕去学校，害怕老师，害怕考试。而高年级的男孩知道学习的重要性，会逼迫自己上学，但他们同样也会受厌学情绪的影响，出现自我挫败和自我贬低的心理，这使得男孩面对学业时变得越来越恐慌、越来越焦虑，甚至出现抑郁的症状。

冉冉从小就是班级里的尖子生，可自从升入重点高中以后，他的学习状态一直不佳，上课听不进去，做作业精力不集中。尽管妈妈一再对他说，不要太紧张，高中的知识比初中的难得多，把心态放轻松，慢慢追赶。可是冉冉依旧提不起学习的兴趣，常常怀疑自己脑子里进了糨糊了。成绩一直名列前茅的冉冉求胜心很强，在高一期中考试时他的成绩一落千丈，他受不了这种打击，从此不愿再去上学。

妈妈尊重冉冉的选择，并不逼迫他去上学。她为冉冉请了长假，带冉冉做一些他想做的事，等冉冉把学习带给他的痛苦抛到九霄云外之后，妈妈和冉冉进行了一次深入的交谈。

妈妈说："虽然这几天你玩得很开心，但是妈妈仍能从你的眉宇间看到一丝愁绪。告诉妈妈，你是不是还在想学习上的事？"

冉冉重重地点了点头。

妈妈试探着问道："其实你还是很渴望学习的是不是？你想回学校对不对？"

这回冉冉轻轻地点了点头，紧接着又快速地摇了摇头。

"妈妈知道，你一定是在学习上遇到困难了。让我来帮你分析一下，是不是新同学和新环境让你有点不适应？是不是新老师的教学方式你不习惯？是不是高中的学习节奏太快，你觉得有些吃力？"

妈妈一边说，冉冉一边回想，他对妈妈说："好像这些原因都有。"

"其实新学校、新老师和新同学确实需要一段时间才能适应。就像妈妈刚换了一个新单位，面对新同事和新工作妈妈也需要一段适应期，就连回家的路线妈妈都要慢慢适应，有好几次妈妈回家都坐错了车呢。"

冉冉忍不住笑起来，说："妈妈你可是大人呀，居然也会坐错车！"

"是呀，大人也有适应期，大人也会犯错，所以你这次不想去上学我完全可以理解。你看你现在心情好多了，也想去上学了，关键是我们找到了你不想上学的原因，知道怎么去应对了。那么是不是可以收拾心情，重新出发了呢？"

冉冉听了妈妈的话，眼里闪过一丝光芒，他高兴地说："哎呀，我还真有点想我的同桌了。"

当处在厌学状态的男孩开始自我否定、自我贬低和自我攻击时，父母一定要及时制止，要给予男孩足够多的陪伴、鼓励和关爱，让男孩重新振作起来，帮助男孩在学业上重新找回自我，找到学习的动力。

每个男孩都有学业倦怠期和适应期，当男孩厌学时，父母要发自内心地接纳男孩，正视自己爱的是孩子本身，不是爱分数。父母一定要降低自己的期望值，控制好自己的情绪，理解男孩的脆弱，接纳一个不完美的孩子。同时，积极地分析男孩厌学的原因，帮助男孩找到解决方案，引导男孩平稳地度过学业倦怠期，在让男孩的内心变得强大的同时，让他学会更好地接纳自己。

劳逸结合，提高学习效率

《礼记·杂记下》中有这样一段记载："张而不弛，文武弗能也；弛而不张，文武弗为也。一张一弛，文武之道也。"

这段话的意思是说：一直把弓箭的弦拉得很紧而不松弛一下，这是周文王和周武王也无法办到的；而一直让弓弦保持松弛状态，那是周文王和周武王也不愿意做的；只有有时紧张，有时放松，劳逸结合，宽严相济，才是周文王和周武王治理好国家的办法。

从古至今，劳逸结合都是人们提高做事效率的有效方式。大多数父母也深知这个道理，所以常常对男孩说，学习不能太累了，要张弛有度。然而人们都有一个通病，那就是，大道理都懂，做起来就不是那么一回事了。

初三是冲刺中考的关键阶段，磊磊的父母针对他的学习采取了高压政策和题海战术。磊磊在学校经过一天的紧张学习，回到家时已经头昏脑涨、疲惫不堪了。他本想休息一会儿再学习，没想到妈妈抱着一沓中考密押卷兴冲冲地走进他的房间。

妈妈说："儿子，这可是妈妈费尽心思才搞来的复习资料，听说出这些试卷的老师每年押题押得可准了。你看一共50套题，每门主科10套，只要你在中考前把这些卷子做完，妈妈保证你能考上心仪已久的重点高中。"

磊磊累得不想说话，他拿起书包，掏出一沓试卷给妈妈看："你们除了题海战术，能不能有点新花样！老师每天让我们做一沓卷子，脑细胞都快死光了。你又让我每天做什么押题试卷，还让不让人活了。"

妈妈知道磊磊是个有志向的孩子，他只是抱怨几句，抱怨过后该做什么还是会去做的。于是帮他收拾好书桌，从笔盒里取出笔塞进磊磊的手里说："儿子，妈妈知道你累，可现在是冲刺阶段，你看谁不是累死累活的。最可怕的是，比你优秀的人比你更努力。我知道儿子最懂事了，坚持一下，再坚持一个月，等考上重点高中，咱们再好好休息。想睡到几点就睡到几点，想去哪儿玩就去哪儿玩。"

磊磊无奈地坐到写字桌前，开始了漫长的题海之旅。

面对老师和家长的殷切希望，磊磊不敢松懈，他没日没夜地看书做题，坚持了半个月，他终于扛不住了。

他向妈妈抗议说："学习应该劳逸结合，你们整天只让马儿跑，不让马儿休息，马儿早晚会被累死的。"

妈妈以为儿子只是在发牢骚，并不知道他已经快崩溃了。妈妈安慰了磊磊几句，又带他出去吃了顿大餐，买了他最近关注的一套邮票，就当是对他的奖励了。回到家，妈妈收起邮票对磊磊说："我先帮你收起来，你再接再厉，继续奋斗。"

磊磊拖着疲惫的身体继续挑灯夜战，每当快坚持不下去的时候，他就会想，古时候那些奋发图强的学子，为了实现远大的抱负，或闻鸡起舞，或凿壁借光，或囊萤映雪，或悬梁刺股……与他们的苦读相比，自己这挑灯夜读根本算不了什么，于是他咬咬牙，一夜接一夜地熬着。

距离中考只剩一个星期了，这天早晨，磊磊起床喝水，刚一站起来就觉得头晕目眩，一头栽倒在地。幸好被及时送到医院，得到了良好的救治。医生批评他的父母说："学习再紧张也不能让孩子这么累，劳逸结合的道理懂不懂？"

磊磊的父母心有余悸地说："懂了，懂了。"

可是不遇到这样的事情，父母根本不会真正懂得这个浅显的道理。很多父母太看重男孩的成绩、名次，总想让男孩抓紧一切时间学习，甚至希望洗澡、吃饭都尽可能地缩短时间；他们为男孩报各种补习班，买各种学习资料；压缩男孩运动和休息的时间……在这种高压政策下，男孩不仅身体吃不消，还可能产生厌学情绪。

其实，学习是一个漫长的过程，是马拉松，是持久战。"学的时候好好学，玩的时候好好玩"才是明智的做法。父母应该平衡好男孩学习和休息的时间，真正做到有效学习、高效学习，而不是看起来很努力。

首先，父母要教导男孩学会科学用脑。让大脑保持清醒的最好办法就是让大脑得到充分的休息。当大脑处于疲劳状态时，大脑的反应速度会明显减慢，不仅学习效率不高，还会造成男孩记忆力下降、注意力不集中，甚至出现焦虑、失眠等症状。在学习之余，可以让男孩望望远处，休息休息眼睛，活动活动筋骨，促进血液循环，让大脑获得更多的氧气，这样大脑才能越用越灵光，学习才能更高效。

其次，父母要保证男孩有充足的休息时间。学习从来都不是一蹴而就的事，苦熬时间不如提高效率，分秒必争地学习，不让男孩好好休息。男孩的神经一直紧绷着，并不能收到预期的学习效果。

从儿童的发育特点来看，男孩注意力的集中时间一般只能维持 45 分钟，这也是学校一节课设置为 45 分钟的依据所在。但是在家写作业时，父母常常逼着男孩一写就是一两个小时，不让男孩得到充分的休息，男孩坐不住也是情理之中的事。

此外还要保证男孩有充足的睡眠时间。睡眠可以保护神经的活性，有利于男孩大脑的发育。一般学龄前儿童每晚的睡眠时间不能少于 10 小时，学龄少年的睡眠时间也要保证在 9 个小时。

最后，父母要告诉男孩："会玩才会学。"有的男孩学习的时候心不在焉，总想着出去玩；等到出去玩了，心里又担心作业没写完，回家会被父母责骂。这种"玩不好也学不好"的状态不利于男孩的成长。

其实，学和玩就像一个矛盾体的两面，是对立统一的，学得好可以增强男孩的自信心和成就感，玩的时候更有底气，更舒心；而玩得好可以帮助男孩开阔眼界，释放压力，发散思维，学起来更有劲头。可见学和玩是相辅相成的，父母一定要教男孩学会玩，学会放松。父母要给予男孩玩的权利，在男孩玩耍时不提学习的事；父母可以陪男孩一起玩，让男孩在玩的同时，感受到亲情的温暖；父母还可以教男孩玩一些思维游戏、创新游戏等，寓教于乐。

休息之于学习，就像磨刀之于砍柴，俗话说"磨刀不误砍柴工"，一个连磨刀时间都没有的樵夫，如何能征服一大片森林呢？

6

第六章

鼓励男孩超越自我

勇于尝试生命中的每个"第一次"

"万事开头难"的道理妇孺皆知，但如果能开一个好头，勇敢地迈出生命中的第一步，那么生命最终会馈赠给你一树花开的灿烂。

父母和男孩的相处，其实是一个渐行渐远的过程。男孩成长的过程就是父母不断放手的过程。父母都希望看到一个健步如飞，甚至是插上翅膀的男孩，飞往更广阔的天空。所以，在放手之前，父母一心期望男孩做好各种准备，掌握各种技能，有能力有信心战胜各种困难，否则便不能放心地放手。而男孩每次勇敢的尝试，都是在为破茧成蝶积聚能量，这个时候父母一定要鼓励并支持男孩勇敢地迈出第一步。

亮亮从小就害怕小动物，有时还会对小动物的毛发过敏，医生说他这种过敏属于心因性过敏，也就是说，他是由于过度害怕而引起的过敏反应。追根溯源，这和亮亮小时候的经历息息相关。

亮亮三岁那年的夏天，爸爸妈妈带他去郊区的奶奶家住了几天。奶奶家住的是平房，与楼房相比，不仅房间多，而且还有个宽敞明亮的院子。活泼好动的亮亮好奇地在各个房间之间窜来窜去，玩得不亦乐乎。突然，亮亮尖叫一声，大哭起来。全家人急忙赶来一看，原来亮亮在一间偏房的床底下翻纸箱玩，突然翻出一箱老鼠。他第一次摸到那些毛茸茸的东西，吓得直哭。此后好长一段时间，亮亮都不愿用摸过老鼠的手吃东西，还一遍一遍地洗手。这次经历在他的心里留下了阴影，以至于后来亮亮见到任何毛茸茸的动物都觉得毛骨悚然，甚至连常见的猫和狗都害怕。

有一次亮亮又见到了老鼠，他告诉妈妈自己根本接受不了它的存在。只要老鼠的影子出现在眼前，他就吓得赶紧把眼睛闭上。妈妈深知这样下去不是个办法，她担心亮亮作为一个男孩，这么胆小会使他在以后的学习和生活中表现得怯懦、畏惧困难和缺少责任感。妈妈和爸爸商量后决定让亮亮试着克服内心的恐惧，勇敢地靠近小动物。

爸爸妈妈有意识地陪着亮亮观看和动物有关的电视节目，阅读相关的书籍，通过生动有趣的影像、图片和文字，让亮亮了解小动物的形态、习性以及与人类的关系。每到节假日，爸爸还会带着亮亮去动物园和农场观察那些小动物，鼓励他试着触摸一些可爱温顺的小动物。去过几次之后，亮亮渐渐走出心理阴影，已经敢摸小鸡、小羊、鸽子等小动物了。

后来，爸爸干脆把一只小狗带回家，让亮亮照顾它。第一次见到小狗离自己这么近，亮亮吓得直往后退。爸爸摸着小狗对他说："不要怕，你看我们都不怕它。狗是一种极其忠诚的动物，绝不会咬它的主人。爸爸已经带它打了各种疫苗，所以不必担心它会传染疾病。你看它的眼睛黑溜溜的多可爱，我刚给它洗过澡，你过来摸一摸它的皮毛有多光滑。"这个时候妈妈也走了过来，鼓励亮亮摸摸它。亮亮慢慢走近小狗，用手轻轻地摸了摸它背上的毛，小狗舒服地躺在地上，露出它的肚皮。爸爸对亮亮说："小狗把自己身上最薄弱的部分袒露给你，是在表示对你的信任。"亮亮被这种信任感动了。最后在爸爸妈妈的鼓励和帮助下，亮亮真的接纳了这只小狗，每天放学一回到家，就看到小狗在门口等他。小狗见到亮亮，欢喜地跳跃着，围着他直转圈。亮亮也乐意照顾它，常带着它出去放风，给它洗澡，渐渐地亮亮对动物毛发过敏的毛病竟然不治而愈了。

有一天，爸爸妈妈决定带亮亮去近距离地观察鼹鼠。亮亮进行了很长时间的心理建设，才同意了亲爹亲娘这个近乎疯狂的决定。一开始果然是闭着眼睛不愿意看，可在爸爸妈妈的鼓励和引导下，他慢慢睁开眼睛，观察鼹鼠如何吃东西、如何睡觉、如何忙忙碌碌地跑来跑去……亮亮突然兴奋地喊道："快看快看，它的嘴巴在动，鼹鼠吃东西的样子好傻好可爱。"爸爸妈妈看着他，露出欣慰的笑容。

在成长的道路上，男孩会经历很多个第一次，第一次走路、第一次摔跤、第一次自己想办法站起来、第一次看到花、第一次被刺扎、第一次远行、第一次分别、第一次想家、第一次爱上一个人、第一次许下诺言……将来也会像父母一样结婚生子，开启生命的又一个轮回。为了让男孩的人生旅途有不一样的风景，父母要鼓励男孩勇于尝试生命中的每个第一次，让男孩通过历练变得越来越优秀。当他练好本领，拥有远走高飞的技能之后，父母要学会放手，让男孩去更广阔的世界闯荡。

见善则迁，有过则改

古语云："人非圣贤，孰能无过？过而能改，善莫大焉。"人人都会犯错，有的人甚至还会因为不长记性而一错再错。

其实犯错并不可怕，只要善于从错误中吸取教训，便能"吃一堑，长一智"，就像歌德说的："错误同真理的关系，就像睡梦同清醒的关系一样。一个人从错误中醒来，就会以新的力量走向真理。"所以，当男孩犯错时，父母一定要鼓励他勇于承认错误，并做到知错能改。只有让男孩从小学会在错误中成长，长大后他才会变成一个勇于担当、能成大器之人。

这天妈妈把淘淘从幼儿园接回家，发现淘淘的书包里多了一本故事书。妈妈清楚地知道，那是幼儿园的书。妈妈不知该如何对淘淘进行教育，才能让他明白这种行为是不对的。说轻了，妈妈害怕淘淘意识不到自己的错误；说重了，又怕伤害淘淘的自尊心。经过再三考虑，妈妈决定还是通过启发的方式，让淘淘自己认识到错误，并鼓励其承认错误、改正错误。

妈妈走到淘淘跟前，看着他的眼睛温柔地说："淘淘，妈妈看到家里多了一本故事书，那是幼儿园的绘本哦。"

淘淘听到妈妈的话，立刻跑回自己的房间。可以看出，他知道自己做了错事，可是他并没有意识到这件事的严重性。

妈妈走进淘淘的房间，坐在他身边看着他说："妈妈知道你把书带回家是因为你喜欢这本书，想多看几遍，对不对？"

淘淘轻轻地点了点头。

"可是这本书是幼儿园的，是大家的，是不允许私自带回家的。你明天把书还给老师，好不好？妈妈可以和老师商量，让你在幼儿园多读几遍。"

淘淘同意了妈妈的提议，答应次日自己把书还给老师。

最后妈妈又坚定地对淘淘说："不经过老师同意就把书带回家是不

对的。你明天还书的时候要向老师道歉，承认自己犯的错误。尽管你不是故意的，但错误就是错误，要勇于承认。"

这回淘淘不乐意了，他低下头，感觉道歉是一件很没面子的事。

妈妈看出淘淘的心思，鼓励他说："不用担心，妈妈和老师都知道淘淘是个好孩子。你这次犯错误也不是故意的，我们不会责怪你。在妈妈和老师看来，敢于承认错误的男孩是最勇敢的，我们都喜欢敢于承认错误、知错能改的孩子。"

淘淘听得很认真，他轻轻地点了点头，决心做个勇敢的孩子。

如果男孩犯了错，不管是有意还是无意，父母都不要替他掩饰。要鼓励男孩勇敢地承认错误。要告诉他，知错能改是一种聪明的行为，掩饰错误才是愚蠢的。就像马罗说的："永远不要因承认错误而感到羞耻，因为承认错误也可以解释为你今天更聪明了。"

当男孩犯错时，父母一定不要让男孩把错误藏在心里，怀着一颗惴惴不安的心，什么事都做不好。父母要从小教育男孩拿出"过则勿惮改"的勇气，勇于承认错误，及时改正错误。懂得为自己的行为负责，才能做到"不贰过"。

克服玻璃心，跟过度敏感说再见

性格敏感的男孩在生活中很常见，他们能够细致、敏锐地感受外在世界的一切信息——积极的信息和消极的信息，但也常常被这些外在的信息刺激得不知所措。

小华是个喜欢安静的小男孩，他很享受一个人独处的时光。可是到了上幼儿园的年纪，小华不得不接触许多陌生人。在幼儿园里，小华和老师、同学相处得别别扭扭，他感到很不适应，没几天就不愿意去幼儿园了。

老师对小华的妈妈说，小华是个善于观察、思维敏锐的孩子，警觉性和共情力都很高，他能细致入微地观察和感觉到很多同龄人感受不到的东西。但同时，这种过度敏感的性格，让他无法与同学一起愉快地玩耍。有时几个小朋友玩得高兴，忘记叫他一起玩，他就觉得同学们不喜欢他了，自己躲在角落里伤心地哭泣；有时几个男生和他一起打闹，不小心把他弄疼了，他会特别敏感，再也不靠近弄疼他的男孩了；有时老师在课堂上批评同学们不好的行为习惯，提醒大家注意，小华往往会不自觉地低下头，脸涨得通红，闷闷不乐，认为老师针对的是他一个人。

在生活和学习中，男孩太在意别人的评价和看法，会影响男孩良好性格的养成；过分小心、谨慎、防备和猜疑，会给男孩的成长带来很多阻碍，严重影响他的社交能力。

小华这种高度敏感、脆弱的心理如果不加以克服，很容易使他成为一个不爱交际、不善交际的人。然而随着社会的发展，人们越来越注重合作精神、团队精神，与人沟通和交往的能力是现代人必备的生存技能之一。卡耐基说："一个人的成功百分之十五靠专业技术，百分之八十五靠人际关系。"所以，父母教导男孩克服过于敏感的心理，拥有和谐的人际关系，不仅有利于男孩的成长，而且有利于男孩未来的发展。这是父母和男孩无法回避的人生课题。父母可以参考以下几点建议，引导男孩"脱敏"。

一、帮助男孩树立自信心

自信是成功的必要条件，一个人如果自己都不相信自己，觉得自己能力不足，无法胜任某个任务，就会出现"墨菲定律"阐述的那种结果：越担心的事情越会发生。你越担心自己做不到，结果你真的做不到。男孩过于敏感，有一颗玻璃心，是缺乏自信、不够成熟的表现。他无法正确地认知自我，不知自己的所长，也不知自己的所短。由于缺乏自信，他会无限放大自己的缺点，从而觉得自己一无是处，担心身边的人都不喜欢自己，于是逃避与人交往，甚至发展到自我封闭的地步。

其实，每个人都希望获得认可和赞赏，以满足被肯定的心理需求，所以在男孩缺乏自信、自我怀疑时，父母要挖掘男孩身上的闪光点，多给他一些鼓励和肯定，让男孩重复体验成功的滋味，帮他树立自信心。比如男孩喜欢安静地画画，父母可以挖掘男孩的绘画才能，鼓励男孩为老师和同学画一些肖像，作为礼物送给他们。当老师和同学向男孩表示感谢并夸奖他的画作时，小小的成就感、自豪感会在男孩心中油然而生，这种快乐的体验会帮助男孩建立自信。同时这种亲手所绘、发自内心的馈赠，可以增进男孩与老师、同学之间的情谊，让男孩拥有和谐的人际关系。

二、教男孩正确地看待他人的评价

一个人不可能活成所有人喜欢的样子。过于在意别人怎么说，不仅会让自己活得很累，而且会失去自我。就像世界上没有两片一模一样的树叶一样，每个人也都是独一无二的存在。对于同一件事同一个人，不同的人会有不同的看法。父母要让男孩明白，无论是谁，在对他人做出评价时，都带着强烈的主观色彩，因为掺杂了个人的好恶，所以很难做到客观、准确。父母要教男孩学会判断哪些是善意的评价，哪些是恶意的评价；哪些是相对客观的评价，哪些是主观评价。父母要教男孩学会接受较为公正的评价，忽略片面的评价。

过于敏感的男孩在内心受到伤害的时候，也不太会调节自己的情绪。这个时候父母要安慰和引导男孩，让他重新审视自己的优缺点，不要因为某些负面的评价而否定自己。

三、鼓励男孩多与人交往

教育家马卡连柯认为，没有相互体贴照顾的经历，没有互爱互助、相互模仿、共同努力和共同分享的经验，不利于发展儿童的集体主义意识，而且还会导致个人主义思想蔓延。

人是群居动物，需要在群体生活中发展个性。同样，男孩也需要有自己的朋友圈，需要有共同经历和共同感受的朋友陪伴他一起成长。

与人交往是人的社会属性，父母要鼓励男孩走出自我的小天地，多与人交往。让男孩在人际关系的滋养下，感受人与人之间的友爱，不断完善自己的个性，从而帮助男孩克服敏感和胆怯心理。

父母要教男孩掌握与人交往的基本技能，比如善于倾听、换位思考、乐于助人、互相尊重、平等合作等。此外，父母还可以通过组织家庭聚会、组织户外活动等方式，为男孩创造与人相处的机会，锻炼男孩的社交能力。

社交能力不是与生俱来的，是通过后天的学习和实践不断得到提升的。对于性格过度敏感的男孩，父母更要有意识地锻炼他的交际能力，让男孩与小伙伴建立深厚的友谊。在同龄人的关爱和陪伴下，男孩的意志品质和心理素质都会变得强大起来，更容易克服过于敏感脆弱的心理。同时让男孩在与朋友的交往中体会为人处世之道，可以为将来更好地适应社会打下良好的基础。

直面挑战，百折不挠

罗曼·罗兰说："世界上只有一种英雄主义，就是认清生活的真相之后依然热爱生活。"

每个男孩心里都住着一个真正的男子汉，父母要教导男孩拿出罗曼·罗兰这种敢于面对生活的英雄主义，来接受生活中的每一次挑战。

鸵鸟的奔跑速度非常快，几乎可以与豹子相媲美，但它遇到危险时却只会把头埋在沙子里来逃避攻击。与鸵鸟形成鲜明对比的是老鹰，老鹰在遇到危险时会直击长空，直面困难和挑战。据说，有的老鹰就算在生命的最后一刻，也要俯冲地面，完成生命的最后一搏。

生活中有些男孩胆子比较小：见人不敢打招呼；被批评被冷落被欺负时只会哭着向父母求救；学习上遇到困难时过分依赖父母和参考资料；缺乏主见；不敢挑战令自己感到恐惧的事情，比如因为恐高而从不登高、因为不知如何与人交往而逃避社交活动、因为恐惧在大庭广众之下演讲而不敢站上讲台等。

对于胆小、怯懦的男孩，父母要鼓励他直面问题，勇于接受挑战，战胜自我，超越自我。

正在上小学的尚尚是个有点口吃的男孩，从小就惧怕与人说话，有时候他宁愿当个哑巴，也不愿意开口说话。尚尚非常优秀。他勤奋好学，各项成绩都名列前茅。他热爱阅读，尤其喜欢看传记类图书。有一次他读到丘吉尔的故事，深受触动。

英国首相丘吉尔小时候不仅有口吃的毛病，而且成绩也不怎么样，老师很不喜欢他。有一天老师让丘吉尔说说他的志向，丘吉尔半天不说话，气得老师大发雷霆。踌躇良久，丘吉尔才大声说出想当演说家的愿望。此言一出，立刻受到老师和同学的嘲笑。

但是丘吉尔没有灰心，他回到家就把自己锁在房间里，对着墙壁上的镜子反复练习。他一个音节一个音节地读单词，一遍又一遍地读词组，逐字逐句地纠正自己的发音。经过一段时间的刻苦训练，他可以把几个单词连在一起读出来了。他没有沾沾自喜，而是继续发奋练习，直到可以流畅地读出每个句子。

在学校里，丘吉尔不在乎大家的嘲笑，他积极回答问题、主动朗读课文、积极上台发言，他还背诵了大量脍炙人口的演讲词。最终，皇天不负有心人，他练就了风趣幽默的口才。在第二次世界大战中，丘吉尔用他富有激情的演讲，鼓舞了千千万万的人英勇抗击法西斯的侵略，并带领英国人民取得反法西斯战争的伟大胜利，成为英国历史上最伟大的首相。

丘吉尔永不放弃的精神，激发出尚尚的斗志，他决定向丘吉尔学习，直面口吃的问题，他要练习演讲。

尚尚的决定得到全家人的支持，父母全力以赴帮助他进行各种语言训练，还鼓励他在课堂上积极发言。有志者，事竟成。经过一次又一次的尝试，尚尚终于敢站在讲台上演说了。虽然尚尚没有成为演说家，但是他已经能和老师同学正常交流了，他的付出获得了回报。

父母鼓励男孩迎接挑战，会让男孩在挑战中得到锻炼，促使男孩的身心快速成长。当然，有挑战就有失败。面对挑战失败的男孩，父母要及时安慰，引导男孩坚强地面对挫折。

父母要让男孩明白，胜败乃兵家常事。失败不可怕，大不了从头再来。在绝望中看到希望，在失败中坚强如钢，才是男儿本色。"山再高，往上攀，总能登顶；路再长，走下去，定能到达"。

越是好强、上进的男孩，越容易在超越自己的道路上遇到困难和挫折，如果一蹶不振，必然会和成功失之交臂。此外，如果男孩从小不接受挫折教育，那么在以后的人生道路上遇到一点挫折，就可能演变成重大的人生危机。

这并不是危言耸听，生活中令人痛心的例子比比皆是。有的男孩因为考试没考好，被父母责骂后，一气之下离家出走；有的男孩与老师发生争执，在给室友留下遗书后，跳楼自杀。这些悲剧也许就发生在我们身边，那些从小没有经历过挫折的孩子，就像温室里的花朵，遇到一点压力，一点风雨，瞬间就会被打倒，甚至凋谢。

孟子说："天将降大任于斯人也，必先苦其心志，劳其筋骨，饿其体肤，空乏其身，行拂乱其所为，所以动心忍性，增益其所不能。"古今中外，但凡能成大事的人，都经受过一番磨难，甚至是千锤百炼。男孩经受过挫折的洗礼，才会变得硬朗、皮实，才能承受得起失败、批评、压力。父母可以从以下几个方面帮助男孩增强"抗挫力"。

一、鼓励男孩屡败屡战，愈挫愈勇

接受挑战的过程，有时就像挖矿一样。假如金矿在地下 100 米的地方，矿工每挖一米就离金矿更近一步，可是每近一步就多一份艰难。很多矿工由于意志薄弱，往往半途而废；或者在距离金矿只有一步之遥的时候放弃，与金矿失之交臂。只有那些坚持不懈，即使失败 100 次，也会尝试 101 次的人，才能成为人生赢家。

当男孩遇到挫折时，父母要鼓励男孩不轻言放弃。告诉他"困难像弹簧，你强它就弱，你弱它就强"，激发男孩愈挫愈勇、百折不挠的精神。比如当男孩考试没考好时，父母可以说："考试成绩不理想，不代表你不努力；一次没考好，不代表永远考不好；平时的考试为的是查漏补缺，来，咱们一起分析分析试卷。爸爸妈妈相信你会找到原因，迎头赶上的。"当男孩错失了一次重要的机会，父母可以告诉男孩："人生的路很长，机会很多。但机会总是留给有准备的人。这次你没准备好，有点遗憾；但是过去的事情就让它过去吧，不必再纠结。只要你充分准备，当机会再次光临时，你一定能牢牢地抓住它。"

二、鼓励男孩积极参加体育锻炼

体育运动可以锻炼男孩的意志力、忍耐力和超越极限的力量。男孩一次次刷新自己的训练成绩，就是在一次次克服挑战，超越自己。

每次在男孩坚持锻炼时，父母都要鼓励他："再坚持一秒，每一秒的坚持都是进步。"长期坚持下去，不仅可以增强男孩的体质，更重要的是让男孩明白坚持的意义："锲而舍之，朽木不折；锲而不舍，金石可镂。"一个坚持不懈的人，比轻言放弃的人更有希望获得成功。

三、鼓励男孩心胸开阔、目光长远

俗话说："心小了，事儿就大了；心大了，事儿就小了。"作为一个男孩，更应该心胸开阔。风物长宜放眼量，不要因为一时一事不如意而沮丧、颓唐。

在男孩遭遇挫折，感到苦闷时，父母要及时地开导他，不要让他钻牛角尖。父母可以对他说："天地有四季，人生有寒暑。冬天过去就是春天，挺住意味着一切。""当一个人失败时，伤心难过有什么用呢？除了重新站起来，别无选择。"

父母可以在节假日带着男孩去爬山，给男孩讲"山重水复疑无路，柳暗花明又一村"的道理，告诉他"只要自己不打倒自己，没有什么可以打倒你"。父母还可以与男孩一起阅读名人传记，让男孩从名人的励志故事中得到启示，学习他们的拼搏精神，增长智慧和勇气。

黎明前最黑暗的时刻也是最接近光明的时刻。父母要让男孩始终有那么一股子不服输的劲头。相信胜利在招手，曙光在前头。

培养男孩适应新环境的能力

达尔文曾说:"不要期待环境为你而变,而要争取尽快地改变自己来适应环境。"适者生存是生物进化的普遍规律,也是人类赖以生存的法则。

随着男孩的不断成长,他终究要从一个"自然人"变成一个"社会人"。在这个过程中,他会不断地接触新的环境和新的人。父母要培养男孩良好的适应能力,让男孩懂得根据生存环境的变化调整自己,迅速适应环境,从而获得更好的发展。

嘟嘟从小就是家里的"小太阳",是全家人的心肝宝贝,从吃穿住行到玩耍、学习,家人能替则替,能帮则帮,把嘟嘟娇惯成了一个饭来张口、衣来伸手的"小皇帝"。

不过,嘟嘟只喜欢和爷爷奶奶、爸爸妈妈待在一起,这个在家横行霸道的"小皇帝",出了门却变成了隐形人,恨不得把自己藏起来。在陌生人面前,嘟嘟就像变了个人一样,总是一言不发。当父母带着嘟嘟去游乐场、公园玩耍时,嘟嘟也表现得很胆怯,丝毫没有安全感,什么也不想玩,总是嚷嚷着要回家。

上幼儿园的第一天,嘟嘟看到小朋友和老师心里很紧张,他拽着妈妈的衣角不让妈妈走。妈妈担心嘟嘟一个人不能适应新环境,也不愿意走。最后在老师的劝导下,妈妈才转身离开。嘟嘟见状大哭起来,妈妈忍着泪水走出教室,也忍不住哭了起来。

下午放学,妈妈早早地来接嘟嘟。幼儿园老师向妈妈反映,嘟嘟一整天都一个人待着,不与其他小朋友一起玩,还哭闹着要回家。果然,妈妈走到教室门口,嘟嘟看见妈妈的身影,飞奔过来扑进妈妈怀里,哭闹着说要回家,再也不来幼儿园了。

从这则故事中我们可以看出,嘟嘟是一个环境适应能力很差的小男孩。一旦身处陌生环境,没有家人的陪伴和照顾,嘟嘟就会感到异常焦虑,变得胆小、怯懦、无所适从。

适应能力是一个人综合素质的反应。适应能力强的人,能够快速地融入新的环境，即使是在比较困难的情况下，也能将不利因素变成有利因素，展现出自身的魅力，发挥出自身的优势和潜能。

在日新月异、飞速发展的现代社会，外界环境变化不定，一个人只有快速适应新环境，才能拥有较为广阔的生存空间。所以，培养男孩良好的适应能力，是家庭教育中不可忽视的内容，是父母的必修课。

男孩适应能力差，主要表现为：对他人有很强的依赖性，缺乏自理能力和独立能力，不愿接触新事物，在新环境中一片茫然，甚至手足无措。针对这种情况，父母可以从培养男孩的独立生活能力入手，逐渐培养男孩良好的心理素质以及吃苦耐劳的精神，帮助男孩成为一个具备良好的社会适应能力的人。

一、培养男孩的独立生活能力

培养男孩独立生活的各项技能，是培养男孩拥有良好适应能力的基础，也是男孩快速适应社会的前提。

父母要有意识地从小锻炼男孩的生活自理能力，比如让男孩自己穿衣服、洗漱、吃饭、睡觉、收拾玩具等，给男孩树立"自己的事情自己做，父母的事情帮着做"的意识，让男孩在一次次的模仿和练习中掌握独立生活的技能。

二、培养男孩的环境适应能力

在男孩的秩序敏感期，稳定的环境有助于男孩养成良好的生活习惯。但男孩不能一直生活在父母为他提供的温室里，他总要长大，总要独自去面对风雨。所以父母要培养男孩的环境适应能力，鼓励他去接触和适应多变的环境。

平时父母可以有意识地带领男孩接触陌生的环境，比如去游乐场、公园、商场、菜市场等人多的地方，一方面让男孩感受和适应嘈杂的环境，一方面让男孩多接触陌生人，通过父母的言传身教学习如何与陌生人打交道。

此外，父母还可以利用节假日带着男孩去不同的城市、乡村旅行，让男孩多见见世面，感受不同的人文环境。旅行途中几乎每天都有新奇的事情发生，若父母能利用好这个机会引导男孩去发现，去感受，对提高男孩的适应能力大有裨益。

三、培养男孩的心理调节能力

良好的心理调节能力可以帮助男孩在复杂多变和竞争激烈的社会环

境里保持积极的心态，能够对所处的环境做出积极的反应，从而具备一定的生存优势。

遇事逃避和推卸责任；受到打击一蹶不振，破罐子破摔；压力大时慌作一团，寝食难安；被误解时忍气吞声……这些都是心理调节能力差的表现。父母可以从小事做起，培养男孩的心理承受力和调节力，锻炼男孩解决问题的能力。比如玩具坏了，鼓励男孩自己修，修不好也没关系，借此机会让男孩知道修好修不好都很正常。努力过，可以无悔矣。比如男孩与小伙伴闹矛盾了，父母不要过多地参与，要让孩子们自己去解决。再比如航模比赛失利了，父母要鼓励男孩勇于承担责任，而不是怨天尤人。父母还要引导男孩快速地从失败的情绪中走出来，告诉男孩："努力了，也许会失败；但不努力，永远不可能成功。为了下次获得成功，要加倍地努力，而不是痛哭流涕。"

四、培养男孩吃苦耐劳的精神

随着生活水平的提高，现代人越来越缺少吃苦耐劳的精神，对男孩也越来越娇惯。殊不知，娇惯出来的男孩讲究多，毛病多，不愿付出，贪图享受，社会适应能力差。

教育家苏霍姆林斯基说过："让孩子动手，亲自参加实践，吃点苦，受点累，不但可以探究知识的奥秘，培养创造能力，而且有利于坚强意志和吃苦耐劳精神的形成。"父母从小引导男孩勤动手，参与轻体力劳动，不仅可以提高男孩对世界的认知水平，还能磨炼男孩的毅力。在日常生活中，父母可以有意识地让男孩吃点苦，受点累。比如能乘坐公共交通工具就不打车，能走路就不坐车；比如帮忙提东西、做家务；比如冬天坚持跑操、经常参加志愿者活动等。除了身体上的苦，还有精神上的苦，比如让男孩承受学习的压力、被误解的屈辱、失败的痛苦等。

人生没有白走的路，每一步都算数。男孩受过的苦，终将照亮他前行的路。

萧伯纳说："明白事理的人使自己适应世界，不明白事理的人想使世界适应自己。"良好的社会适应能力是一个人的生存之道，而那些与环境格格不入的人，则会处处碰壁。

当然，培养男孩的适应能力，不是让男孩一味地屈服于环境，对于肮脏、丑陋的环境，必须努力去改变。

教出乐观的男孩

艺术大师丰子恺说："你若爱，生活哪里都可爱。你若恨，生活哪里都可恨。你若感恩，处处可感恩。你若成长，事事可成长。"

生活就像一面镜子，你用什么方式看它，它就会给你呈现什么样的生活。一个人凡事往好处想，自然会朝好的方向努力；凡事往坏处想，越想越痛苦，最终只觉得过了一个烂透了的人生。

有一次，美国前总统罗斯福的家中被盗，丢了许多东西。一位朋友闻讯，忙写信安慰他，劝他不必太在意。罗斯福给朋友写了一封回信："亲爱的朋友，谢谢你来安慰我，我现在很平安，感谢生活。因为，第一，贼偷去的是我的东西，而没伤害我的生命；第二，贼只偷去我的部分东西，而不是全部；第三，最值得庆幸的是，做贼的是他，而不是我。"

乐观的人，即使身处黑暗，也能在黑暗中找寻光明，不会丧失生活的勇气。高尔基曾说："我相信，如果怀着愉快的心情谈起悲伤的事情，悲伤就会烟消云散。"

怀着乐观的心态看待问题，往往能激发出一个人的潜能，从而创造奇迹，变不可能为可能。但是悲观的人就没有这么幸运了。

有个故事，说有一个工人被意外地锁在冷冻车的车厢里，他清楚地知道，人长时间待在低温环境里肯定会被冻死。过了 20 个小时，当有人打开车厢时，发现这个工人已经死去了。人们仔细检查后发现冷气并没有开，那位工人却还是死了。因为他悲观地认为自己被锁在冷冻车里肯定会被冻死。事实上，他不是被冻死的，而是被自己悲观的情绪和由此产生的恐惧吓死的。

乐观的人遇事总相信还有希望，这种信念感引领他往好的方向行动，自然成功的概率就大；而悲观的人抱着绝望的态度面对遇到的事情，不仅缺少奋力一搏的动力，还会被悲观的情绪蒙蔽双眼，对一些有利条件视而不见，最终将事情真的引向失败的境地。可见，是否具有积极乐观的心态，关乎男孩一生的幸福。父母必须给予男孩正向的引导，否则会让自己的孩子像故事中的工人一样，因为心理脆弱，遇事悲观，失去基本的判断力而酿成悲剧。遗憾的是，在现实生活中，很多父母并不明白这个道理。

小力放学回到家，拿出考试试卷给父母看，情绪低落地说："我太笨了，这辈子都学不好数学了。我一定是全班、全年级最笨的学生。"

爸爸从小力沮丧的神情就知道小力没考好，他生气地一把抢过试卷，看了看分数，便朝小力大声吼道："我看你不只是笨，而是又笨又不上进。你就是那个'扶不起来的阿斗'。"

这时妈妈对爸爸说："别对儿子大喊大叫。"她走到小力跟前轻声安慰道："这不怪你。爸爸妈妈小时候数学就不好，由于缺少数学基因，你可能也不是学数学那块料。"

其实小力一直是个成绩还不错的男孩，这次因为数学没考好，非常难过和自责。他本希望能从爸爸妈妈这里得到安慰和鼓励，收拾心情从头再来，没想到父母如此消极、悲观地看待这件事，小力最后的一点信心也被绞杀了。他绝望地认为自己不是学数学的材料，渐渐地放弃了数学，从此数学再没有考好过。

小力的父母对小力数学考试成绩的悲观解读和错误反应，是造成小力由一次考试没考好变成永远考不好的主要原因。父母消极的思维方式，会对男孩产生特别不好的影响。导致男孩每当遇到困难和挫折时，也会像父母那样往最坏的地方想，认为自己一无是处，把当前的结果当成是永久的不可改变的结果，最终自暴自弃，向不好的结果快速地滑落。这种心态在心理学上称为"习得性无助"。"习得性无助"一般从童年时期发展而来，会让男孩失去继续尝试的勇气和信心，如果放任自流，会影响男孩的一生。

家长应该如何培养男孩积极乐观的态度，让男孩不至于陷入悲观的泥潭呢？"积极心理学之父"马丁·赛利格曼在《教出乐观的孩子》一书中，提出了三种培养孩子乐观精神的方法。

一、捕捉思维

当男孩遇到糟心的事情时，父母要让男孩学会捕捉自己的第一个想法。用心去想让自己难过的第一个念头是什么，找到它，抓住它，但不要相信它。比如男孩考试没考好，让男孩感到伤心难过的第一个念头是

"自己太笨了，所以才考不好，而且不管自己怎么努力也不会考好"。男孩首先要捕捉到这个念头，但是不要相信它。

二、反驳自己

男孩找到让自己难过的第一个念头之后，要想办法举出各种事例来反驳这个想法。比如考试没考好，男孩的第一个念头是"自己太笨，永远也考不好"。这个时候男孩应该冷静地想一想，自己是不是真的很笨？老师和父母夸过自己聪明吗？一定夸过。虽然数学没考好，那语文和英语考得怎么样呢？如果其他的科目成绩还不错，那就证明自己并不笨。然后，男孩可以想想以往的数学考试，是一次都没有考好过吗？肯定不是。

经过一番冷静的思考，男孩会发现让自己难过的理由是不成立的，这次没考好只是一件暂时的、个别的、突发的事情，并不能借此否定自己的智商和一直以来的努力，于是男孩的心态开始朝着积极乐观的方向改变。

三、主动化解灾难

化解灾难是指在男孩遇到难题时，父母要引导他把事情的结果做一个划分，根据最坏的情况、最好的情况和最可能发生的情况，分别制订应对计划。一旦男孩做好化解灾难的心理准备，悲观情绪自然就不翼而飞了。

比如数学考试没考好，最坏的结果是数学成绩一直糟糕，男孩可以在保持数学成绩不继续下滑的前提下，努力提高其他科目的成绩，以此来保住总成绩；最好的结果是这次没考好不是因为题目不会做，而是因为粗心大意，下次仔细一点就能把成绩提上来；最可能的结果是最近没有用心学习数学，下的功夫不够，导致考试成绩下滑，应对的措施是：培养良好的学习习惯，提高学习效率，把数学成绩提上去。如此有针对性地列出解决方案，化悲伤为力量，化自责为行动，悲观的情绪自然就被化解了。随着行动带来的成果逐渐显现，男孩又会变得乐观起来。

培养男孩乐观的心态，可以让他在人生的至暗时刻，凭借坚定的信念、坚强的毅力、清醒的头脑和务实的行动积极突围，最终通过不懈的努力走出困境。

7

○
○

第七章

男孩应具备的优秀品质

○ ○

言必信，行必果

海涅曾说："生命不可能从谎言中开出灿烂的鲜花。"一个经常说谎的人是无法真正获得幸福的，无论他的事业多么成功，道德的悬空都会使得他的心灵干枯。

从古至今，诚实守信都是为人处世的基本准则，它不仅关系到个人的命运，也关乎国家的生死存亡。

战国时期，秦国的商鞅在秦孝公的支持下主持变法。当时正处于诸侯争霸、战争频仍、人心惶惶之际，为了树立威信，推进改革，商鞅下令在都城南门外竖起一根三丈高的木头，并当众承诺：谁能把这根木头搬到北门，赏金十两。围观的人们并不相信可以轻而易举地获得高额赏赐，结果没有一个人尝试。

后来，商鞅把赏金提高到五十金。重赏之下必有勇夫，果然有人站了出来，将木头扛到了北门。商鞅立即赏了他五十金。

商鞅通过这一举动，在百姓心中树立了威信，变法很快在秦国推行开来，而变法后的秦国也日渐强盛起来。

这就是著名的"立木为信，一诺千金"的故事。

很多人可能不知道，在商鞅"取信于人"的地方，上溯四百余年，却发生过一则失信于人的故事。

周幽王有个宠妃叫褒姒，生得艳如桃李，却冷若冰霜。为了博取美人一笑，周幽王下令在都城镐京附近的二十多座烽火台上燃起烽火。烽火本是边关报警的信号，只有在外敌入侵需征召诸侯前来救援的时候才能点燃。结果诸侯们见到烽火，纷纷率领兵将前来勤王，赶到之后发现自己被戏弄，都愤然离去。而此时，褒姒看到平日威仪赫赫的诸侯们狼狈气愤的样子，终于展颜一笑。

五年后，西夷犬戎大举攻周，周幽王再燃烽火召集诸侯救援时，却没有一个诸侯前来救驾，结果周幽王被逼自刎，褒姒也成了俘虏。

"烽火戏诸侯"的闹剧，让帝王失信，就像"狼来了"的故事一样，

◆ 男孩的正面管教

失信于人的结果，只能是自食恶果。

古罗马哲学家绪儒斯说"失去了信用的人就再没有什么可以失去的了"。对于男孩来说，诚实守信才会赢得他人的信任和尊重，才能结识更多的朋友、获得更多的机会，在以后的人生道路上也更容易成功；而一个不诚实、爱骗人的男孩则很难被他人接纳，走上社会后也会因为诚信缺失而一事无成。

父母从小就要帮助男孩确立"言必信，行必果"的做事准则，教导男孩做一个光明磊落的小男子汉。父母教导男孩诚实守信，最简单、最有效的一个办法就是以身作则。因为只有父母首先做到一言九鼎、一诺千金，才能让男孩养成诚实守信的好品德。

墨子说："染于苍则苍，染于黄则黄，所入者变，其色亦变。故染不可不慎也。"所以父母说话做事皆需谨慎，在男孩面前就算是小谎言也不能说。

有些父母为了哄男孩听话，经常用一些空头承诺骗男孩去做事；或者在与人交谈时，不经意间撒个谎，结果被男孩听到，这些都会让男孩慢慢养成说假话的习惯。另外，有时为了社交需要，父母会说一些应酬的话，并不属于道德上的瑕疵，但对于年龄尚小的男孩来说，他们没有成人的认知力和经验，分辨不出真正的谎言和善意的谎言之间的区别，于是男孩在困惑之余，常常会当面揭穿父母的谎言，就像《皇帝的新装》中的那个小男孩，无论在什么情况下，只相信真实的世界。

既然孩子的世界原本就是纯净的，那么父母如何教导男孩，才能使他保持诚实守信的天性呢？

一、教导男孩不撒谎

生活经验告诉我们：说一个谎，往往需要用一百个谎来圆，而持续地说谎，会让谎撒得越来越大。

研究人员发现，人们为了一己私利撒谎时，大脑中有关的组织——杏仁核会产生明显的反应；随着撒谎的次数越来越多，杏仁核的这种反应会越来越小；再到撒大谎的时候，杏仁核的反应就会急速降低。对于其中的机制，专家的解释是：撒小谎会麻痹人内心的不安、愧疚等感受，甚至还会成为以后撒大谎的"铺路石"。

这就是家长务必要教导男孩在小事上也不能撒谎的原因，从大脑机制来看，小谎言最终可能会酿成大错误。

二、教导男孩主动承认错误

华盛顿小的时候，用爸爸送给他的一把小斧头将家里的一棵樱桃树砍倒了。爸爸回家后，看到被砍倒的小树，非常生气，因为这棵樱桃树是花了很多钱买的，并且是爸爸最喜欢的一棵树。

华盛顿看见爸爸勃然大怒，心里虽然害怕会被惩罚，但还是鼓起勇气跟爸爸说："爸爸，樱桃树是我砍的。我只是想试试您送我的斧头是否锋利。"

他的父亲看到华盛顿有勇气承认自己的错误，不但没惩罚他，反而大加称赞："好孩子，你的诚实让我十分欣慰。因为一万棵樱桃树，也比不上诚实可贵！"

确实，诚实是金，勇于承认错误的品质，胜过万两黄金。父母要教导男孩：只有拿出直面问题的勇气，不用谎言掩饰错误、逃避责任，才能得到他人的尊重和信任。

三、教导男孩言出必行

古语云："一言既出，驷马难追。"父母要教导男孩说话算话，即使是最小的承诺，也要努力遵守。比如男孩答应看完一集动画片就去睡觉，可是电视一打开他就被迷住了，一集看完还要接着看。这个时候父母就要严肃地对男孩说："失信于人，以后就没有人相信你了，你睡觉前再也看不成动画片了。"另外，如果男孩不是故意失信于人，父母要教导男孩学会解释和弥补，主动承担失信的后果，挽回他人对自己的印象。

诚实对于男孩，就像压舱石对于大海上的航船，丢弃这些沉重的石头，可以暂时让船航行得更快，可是一旦遇到大风大浪，没有这些重石增加船的稳定性，船很容易被卷入大海。撒谎和投机取巧，也许能给男孩带来一时的利益，从长远来看却是得不偿失。因为失去诚信，人生的航船很容易沉没。

善为至宝，心作良田

亚马逊 CEO 杰夫·贝索斯在一场大学毕业典礼上发表过一篇演讲，在演讲中他追忆了自己幼年时期的一件事。

杰夫小的时候，每到夏天他总是在祖父母的农场中度过。他帮忙修理风车，为牛接种疫苗，也干点别的杂活。他的祖父母参加了一个房车俱乐部，经常与朋友们结伴旅行，几乎游遍美国和加拿大。有时，杰夫也会和他们一道去旅行。他们把房车挂在祖父的小汽车后面，然后加入由 300 余名探险者组成的浩浩荡荡的队伍。杰夫很爱他的祖父母，从内心深处崇敬他们，也真心喜欢这样的旅行。

在杰夫 10 岁时的一次旅行中，他照例坐在后座上，祖父开着车，祖母坐在祖父旁边，吸着烟。杰夫讨厌烟味。他看过一个告诫人们不要吸烟的广告，大意是说，每吸一口香烟会减少两分钟的寿命。他决定以此为"依据"与祖母好好地谈一谈。

杰夫大致推测了一下祖母每天要吸几支香烟，每支香烟要吸几口，然后颇为得意地得出了一个自认为令人震惊的数字。接着，他捅了捅坐在前面的祖母，又拍了拍她的肩膀，然后骄傲地宣称："如果每吸一口香烟会减少两分钟寿命的话，你会少活 9 年！"

小杰夫原本以为自己的聪明能赢得夸赞，没想到，祖母听了他的话却哭泣起来。祖父一脸严肃地把车停在路边，走下车，打开后面的车门，示意杰夫下车。

祖父平日里是一个睿智而平和的人，从来没有对杰夫说过严厉的话，这一次他却真的生气了。杰夫不知道祖父会怎么对待他，也许会教训他一顿，也许会让他给祖母道歉。但最后，祖父注视着杰夫，沉默片刻，然后平静地说："杰夫，有一天你会明白，善良比聪明更难。"

在祖父的教诲下，杰夫懂得了"善良比聪明更重要"的道理。在以后的日子里，他一直把这句话当作人生的信条，指引着自己一路前行。

聪明的男孩的确招人喜爱，但有时面对一些选择时，善良比聪明更可贵，像"大智若愚""大巧若拙"等词汇，都蕴含着一层深意：善良是最大的聪明。

聪明地获得利益，还是善良地让出利益，这是一个考验人性的选择，无论选择前者还是后者，都无可厚非。但是善良往往能给人带来长远的利益，所以父母要从小教导男孩做一个善良的人。

一、在男孩心中种下一颗善良的种子

从前，有一个富裕的老人，他常常毫无保留地施舍和帮助穷人，他积累的福德太多，以至于惊动了上天。天神怕老人的福德超过自己，就下界来到老人身边。

天神对老人说："老头儿，你不知道你施舍穷人是要下地狱的吗？赶紧停下吧！不信你看！"说完天神就向老人展示了地狱的恐怖景象，并问地狱中受苦的魂灵："你们为什么下了地狱？"

当然，天神已经和地狱中的鬼魂串通好了，所以地狱中的鬼魂都信誓旦旦地说："我们是因为做了太多好事才下地狱的！"

老人听了他们的对话，不但没有被地狱中严酷的刑罚吓住，反倒豁达地说："能做善事，我很快乐！即使下地狱我也不后悔！"

天神听了老人的话羞愧不已，他告知老人自己的真实意图，并真诚地说："你是这个世界上最善良的人，只有你才配升入天界，希望你积累更多的福德，好升上天界做天神。"

把善良种在心底，它就是福根，多行善事，必有福报。

二、以善良之心对待世界，世界也会报之以善良

有一年，很多天没有下雨，天气十分干旱。有一个小男孩，他的妈妈生病了，口渴难耐，可他家的水缸里一滴水都没有了。小男孩看着病重的妈妈，决定马上出去给妈妈找水。可他找遍了整个村庄，一滴水也没找到，后来他累得坐在树下，竟然不知不觉地睡着了。

等他醒来，发现自己在一所小房子里，面前还有一罐水。他兴奋不已，正准备离开时，突然看见一个女巫带着一个快要渴死的人走了进来。

女巫说："你好，小男孩，我给你两个选择，一是你把这罐水拿回家，给你妈妈喝；二是你把这罐水施舍给这个快要渴死的人。"女巫说着指了指地上的人。

小男孩踌躇再三，最终他决定把这罐水给地上的人喝，自己再去为

◆ 男孩的正面管教

妈妈找水。女巫满意地对小男孩说："你是个善良的人，你会得到好报的。"女巫说完，把手一挥，只见天上下起了瓢泼大雨，屋外出现了一条小河……

善待世界的人，也会被世界温柔相待。父母要教导男孩善待世间万物。要让男孩相信：善良会遇见善良。

三、量力而行，帮助他人

有一个单身女子刚搬了新家，她发现隔壁住了一户穷人——一个寡妇与两个孩子。

有一天晚上，忽然停了电，单身女子只好点起蜡烛。过了一会儿，忽然听到有人敲门。原来是隔壁穷人家的小孩子，他略带羞怯地问道："阿姨，请问你家有蜡烛吗？"女子心想："他们家竟然穷得连蜡烛都没有吗？千万不能借给他们，免得被他们缠上！"

于是她打开房门，不耐烦地冲着孩子吼了一声："没有！"

正当她准备关门时，那个小孩露出天使般的笑容说："我们就知道你家一定没有！"说着，他竟从怀里拿出两根蜡烛，"妈妈担心你一个人住没有蜡烛，所以让我送两根给你。"

闻听此言，女子自责不已，她感动得热泪盈眶，将邻居家的小孩子紧紧地拥在怀里。

父母要教导男孩：即使身处困境，也要尽己所能地帮助他人。在困难中互帮互助，同舟共济，才更容易渡过难关。那些一心只为自己着想的人，永远也不会懂得"帮人就是帮己"的道理。当然，无论做什么，都要讲科学。我们决不提倡不会游泳的人跳进水里救助他人。那样做，不仅救不了落水者，还会使自己溺亡。

四、伸张正义，救助弱者

在英国的哈罗学校，有一天，一个强悍的高个子男生拦住了一个新生，颐指气使地命令新生替自己做事。新生初来乍到，不明原委，断然拒绝。高个子男生恼羞成怒，一把揪住新生的衣领，劈头盖脸地将新生打了一顿，嘴里还骂骂咧咧地吼道："你这个臭小子，为了让你聪明点，我得好好开导开导你！"

新生被打得鼻青脸肿，却不肯乞怜告饶。

这时，周围的学生或者冷眼旁观，或者起哄嬉笑，或者一走了之。

只有一个外表文弱的男生，看着新生被欺凌的一幕，眼里渐渐涌出泪水，终于忍不住大声呐喊道："你到底还要打他几下才肯罢休！"

高个子男生循着那个又尖又细的声音望去，只见抗议者也是个瘦弱的新生，就恶狠狠地骂道："你这个不知天高地厚的家伙，少管闲事，否则连你一起收拾。"

那个新生眼含泪水地盯着他，毫不畏惧地回答道："不管你还要打他几下，让我替他忍受一半的拳头吧。"

高个子男生看着他满含泪水的眼睛，被这出人意料的回答所震慑，不禁羞愧地停住了手。

这件事情发生以后，学校里反抗霸凌反抗暴力的呼声越来越高，帮助弱者的善举逐渐增多，两个新生也成了莫逆之交。那位被殴打的少年就是英国颇负盛名的大政治家罗伯特·比尔；挺身而出，愿意为一个素不相识的弱小者分担痛苦的，则是扬名全世界的大诗人拜伦。

在恶势力面前，男孩要拿出勇气和智慧与之抗争，用善良感化恶人，同时将那些胆怯、逃避和幸灾乐祸的人从麻木和冷漠中唤醒。人人都播种善良，这个世界才会更美好。

古人云："善人者，人亦善之。"相信世界终会奖励那些善良的人。父母要以自己的善念善举熏陶和感染男孩，激发男孩心中源源不断的善意，让男孩成为正直、善良、眼里有光、心中有爱的男子汉。

常怀感恩之心

天天是家里的独生子，从小备受宠爱，养成了他做事以自我为中心的坏毛病，认为别人对他好都是理所当然的，从来不懂得感恩。

在家里，他像个小领导似的，命令爷爷奶奶为他做这做那，不但从来不说"谢谢"，还会因为做得不合他的心意而大哭大闹；过生日时，爸爸妈妈精心为他准备了生日礼物，他觉得那是他应得的东西；出门在外，叔叔阿姨因为他是个小孩而照顾他，事事以他为先，爸爸妈妈让他说句感谢的话，他却不愿意开口。

爸爸妈妈一直觉得天天只是性格有点怪，认为他长大后会慢慢好转。直到有一天，妈妈在报纸上读到一篇"男孩弑母"的文章，才猛然惊觉，天天不是性格孤僻，而是缺少感恩之心。一个没有感恩之心的人，往往会表现得冷漠、自私，对他人缺乏宽容和理解，不懂得换位思考，做事不计后果……男孩如果有这些问题，父母必须加以重视，否则很可能会自食其果，悔之晚矣。

生活中，像天天这样缺乏感恩之心的男孩并不少见，这与男孩从小所处的家庭环境和受到的教育有很大关系。父母千万不能被爱蒙蔽了眼睛。要让男孩从小接受感恩教育，懂得感谢父母的养育之恩、老师的授业之恩、他人的滴水相助之恩，以及自然万物的馈赠之恩。因为只有懂得感恩的人，才会内心丰盈，待人和善，于己宽容，获得真正的幸福感。

著名作家武志红说："感恩的根本，是一个人深深地体验到自己可以创造出好东西并且拥有。自己可以强大，同时也愿意承认有比自己更强大的存在，而这些好东西，实际上是从这些更强大的存在那里来的，因此会感恩这个'善意的存在'，并愿意向这个'善意的存在'低头。"他认为感恩教育应该是让孩子感受到父母和抚养者心甘情愿的养育后，自然生发出感恩之心。不是强迫，不是绑架。苦情式的感恩教育有强烈的匮乏感，让孩子看到父母和抚养者多么的辛苦和虚弱，多么含辛茹苦地把自己养大，所以需要感恩，这种感恩教育会让孩子满怀愧疚。

那么应该如何从小培养男孩孝敬父母、感恩万物的品质呢？父母可以试试下面这些办法。

一、在日常生活中给男孩做好榜样

有些父母认为亲人之间说感谢太生分、太见外，每每得到亲人的关心和帮助，想着心里知道就行，不必说出来。这种想法会淡化人的感恩之心。虽然亲人的付出不求回报，但付出得到感谢，会让人更真切地感受到亲情的温暖。所以在家庭中，父母要带头给男孩做好示范，对亲人、伴侣的关爱都要真诚地表达谢意，让男孩在耳濡目染中学会感恩。

二、教导男孩体恤来自他人的好意

平时在生活中，父母要教导男孩"滴水之恩，当涌泉相报"，时常提醒男孩感谢他人的好意。比如坐公交车有人给男孩让座位，父母可以告诉男孩："叔叔觉得你小，怕你站不稳，把座位让给了你，我们要一起对叔叔说声'谢谢'哦！"来家里做客的人给男孩买了礼物，父母一定要教导男孩在接受礼物时感谢客人，父母可以这样说："阿姨这么喜欢你，给你买了礼物，你是不是要谢谢阿姨呀？"用引导的话语，让男孩懂得没有谁对自己的好是理所当然的，自己在接受他人的好意时，一定要发自内心地表示感谢。

三、肯定和表扬男孩的感恩行为

当男孩做出感恩的行为时，父母要及时肯定、表扬。比如父母可以对男孩说："妈妈刚才帮你拿东西，你说'谢谢'，真有礼貌！""奶奶给你做了好吃的，你主动帮奶奶洗碗，真是个懂事的好孩子！"父母常用这些引导的话语鼓励男孩做感恩的事，长此以往，男孩自然就能学会感恩。

四、抓住特殊时机激发男孩的感恩之心

父母可以在父亲节、母亲节、教师节、感恩节、劳动节等这些特殊的节日，让男孩通过说暖心话、制作感恩卡等方式来表达他的感恩之情。此外，还可以带男孩去大自然中，让他看看天看看地，看看山看看水，感受风儿的轻抚、雨水的滋润、阳光的照耀、花儿的芬芳……让男孩在大自然的怀抱中，感恩自然的馈赠。

一个人在世界上生存，必会主动或被动地接受万物的恩赐，只有让男孩学会感恩，才能让恩惠源源不断，生生不息。感恩是一种素养，一种品德，更是一门学问。愿每个男孩都懂得从内心感激他人，让自己的心中充满爱和阳光，经营好自己的幸福人生。

彬彬有礼，方为君子

有两个少年，一个彬彬有礼，一个盛气凌人。他们慕名来到一个村落，寻找一位深谙成功之道的高人求教。在村口的水塘边，他们遇到一个白发苍苍的老者。

狂傲的少年远远地看见老者，便高声喊道："喂！老头儿！"老者正在钓鱼，没有回答他。狂傲的少年气急败坏地跑到老者身边，大声说："老头儿！我叫你呢，你是聋子，还是哑巴？"

老者回答说："我的名字不叫'喂'，也不叫'老头儿'，我不知道你在跟谁说话。"

"我又不认识你，我咋知道你叫啥？"放荡不羁的少年不耐烦地说，"懒得和你废话，快告诉我，村里有位通晓成功秘诀的高人住在哪儿？"

老者摇了摇头，叹口气说："年轻人，请回吧！你不用找了，你是找不到他的。"

"不知道就说不知道，别在这儿故弄玄虚，我自己去找！"少年说完，抬脚就准备离开。

这时与他同来的那位少年走近老者，蹲在老者身边，轻声问道："老伯伯，您好！打扰一下，请问那位通晓成功之道的高人，您听说过他吗？"

老者转身打量了一下彬彬有礼的少年，微笑着从水中提起鱼竿，一条大鱼顺着鱼钩一下滑落到少年的怀里，吓了他一跳。

老者开口说道："年轻人，你也回去吧！你也不用找了，因为呀——"老者顿了顿，把鱼扔回水中，"成功之道就根植于你的心里，隐藏在你的行为举止里。"

这位温文尔雅的少年听完老者的话，若有所思地点点头。一旁的狂傲少年却放声嘲笑道："快走吧，书呆子！你的身上除了一身破衣服，啥也没有。别信那个疯老头儿的话。"两位少年就此离开了。

多年以后，两人又在老地方见面了。这个村落已改变模样，成为著名的旅游胜地，负责景区规划的总工程师正是那个彬彬有礼的少年，他正拿着图纸给大家讲解几座亭台楼阁的施工要点，而当年那个狂傲的少年依然是一个游手好闲的无业游民。

这个故事告诉我们："爱人者，人恒爱之；敬人者，人恒敬之。"一个有礼貌的人，往往会受到别人的尊重和欢迎，从而更容易获得成功。

现在有很多父母，只注重孩子的智力教育，认为只要孩子成绩好，就可以一好遮百丑，懂不懂礼貌都不重要；还有的父母认为孩子年纪还小，小时候不懂礼貌，长大后自然就懂了。其实，男孩的知礼、懂礼、行礼需要从小习得。孔子曰："不学礼，无以立。"说的正是这个道理。

礼貌能体现一个人的处世风格和基本素养，懂礼貌、知礼节的男孩会给人留下素质高、有教养的良好印象，从而拥有和谐的人际关系，为将来事业的发展打下良好的基础。

"礼貌使有礼貌的人喜悦，也使那些受人以礼貌相待的人喜悦。"所以父母要引导男孩从小做个讲文明、有礼貌的小绅士。

一、教导男孩使用礼貌用语

父母想要培养出一个有礼貌有教养的男孩，首先要"由内而外"地教导男孩使用礼貌用语。"内"指的是家庭，一个在家对长辈没礼貌的男孩，在外就算一时装出彬彬有礼的样子，这种伪装出来的礼貌也不可能长久，总有一天会露出破绽。

在日常生活中，我们经常见到一些父母在外哄着、骂着男孩跟熟人打招呼，说"谢谢""再见"等礼貌用语，可是男孩根本不配合，使得父母非常尴尬。父母怎么也想不通："在家一直随着他的性子，出门提醒他一定要说礼貌用语，怎么就不肯说呢？"这时男孩也很迷惑："在家里从不要求我说这些话，为啥一出门就让我说这说那？我不习惯，怎么也开不了口。"可见，习惯的养成并非一朝一夕。父母必须首先引导男孩养成尊重家人的习惯，对家人有礼貌的人才能善待他人。父母可以引导男孩从小事做起。比如在接受父母的帮助时说"谢谢"，早晚向父母道"早安"和"晚安"，习惯于向家人表达关爱和谢意，男孩和外人打招呼时才会觉得自然。

其次，父母要教导男孩注意称呼方面的礼仪。对人的称呼文明、得体也是教养的一部分，父母要教导男孩"谦称自己，恭称别人"。有些父母在交谈时会用"你儿子""我儿子"来称呼两家的孩子，所以有些表兄弟之间也会用"你妈妈""你爸爸"来称呼对方的父母。父母的这种负面影响会让男孩忽视称谓上的礼仪。比如有的男孩会指着长辈说"你"；指着爸爸妈妈说"他""她"；见到老人不但不叫"爷爷""奶奶"，甚至还会用"老头儿""老太婆"之类不礼貌的词语称呼老人，所以父母一定要给孩子做个好榜样。

二、规范男孩的仪容、仪表

大多数父母很注重女孩的仪容、仪表，从小给女孩报舞蹈班练习身姿、体态，从一举手一投足规范女孩的淑女形象。但很少有父母注意男孩的仪容、仪表。其实男孩的绅士风范也需要从小抓起，尽早给男孩树立注重个人形象的意识，可以使男孩在未来的激烈竞争中多一份筹码。

首先，父母要教导男孩做好表情管理。微笑能给人带去温暖，可以向对方传递你的真诚和善意，所以在与人交流时要和颜悦色，不要疾言厉色，也不要心不在焉。父母要告诉男孩他笑的时候最帅气。

其次，父母要教导男孩保持挺拔的身姿。长时间的不良站姿、坐姿和走姿，不仅有损形象，还会对男孩的身体发育造成伤害。所以父母看到男孩出现弯腰驼背、走路晃肩等不良身姿时，一定要及时提醒和纠正。

正确的站姿是：站立时抬头、挺胸、收腹；双脚分开与肩齐平；身体不要左右摇摆；双手正常下垂，不要叉腰或环抱双臂；目视前方并时刻提起精气神。

正确的坐姿是：坐下时要端庄、稳重；头部和脖颈保持直立；背部保持挺直，不要弯腰驼背；身体与桌边保持一拳的距离；双膝并拢，双腿合并，双脚自然垂地，不要跷二郎腿。

正确的走姿是：走路时精神饱满，昂首阔步；上身挺直，双臂与双腿配合摆动；双眼直视前方，不要东张西望；走路时不吃东西，不乱扔垃圾。

另外，父母还要引导男孩注重穿衣的礼节，避免男孩养成邋遢的习惯。父母要告诉男孩，任何时候都要保证衣服干净整洁，出现污渍要及时清洗、更换，尤其是领口和袖口一定要保持整洁；衣服上有破洞或纽扣掉落要及时缝补；要根据不同的场合，穿符合自己身份的衣服。

三、培养男孩文明就餐的礼仪

在餐桌上讲文明、知礼仪的男孩会给人留下有风度、有教养的良好印象。

在生活中，很多男孩有不良的就餐习惯。比如有的吃饭时不懂得礼让他人，径直坐到桌前大快朵颐；有的吃饭不老实，在饭桌前奔跑打闹、摆弄碗筷，甚至不小心打翻碗碟，这样不仅男孩自己吃不好，还会影响其他人的食欲；有的吃饭时喜欢左挑右拣，只挑自己喜欢的吃，不顾及旁人的感受，诸如此类。这些看似无足轻重的就餐习惯，却会给人留下没有教养的坏印象，所以父母要尽早指导和规范男孩的就餐礼仪。

首先，要让男孩懂得有序入座的礼仪。饭前，男孩要谦让长辈先就座，然后自己再入座；饭后，要按长幼顺序有序地离开餐桌。

其次，要让男孩懂得文明就餐的礼仪。吃饭时，要就近夹菜、细嚼慢咽；咀嚼食物时不要吧唧嘴，不要口含食物与他人说话，不要大笑，避免食物从嘴内喷出或呛到自己；喝汤时要小口进食，不要发出咕噜咕噜的吞咽声；尽量避免咳嗽、打喷嚏、擤鼻涕等行为，如有需要请离开餐桌处理；吃完饭后，要用纸巾擦去嘴角和脸颊的食物残渣；不要用手剔牙，用牙签剔牙时应用手或纸巾挡住嘴巴。

此外还要让男孩懂得参加宴会的礼仪。父母要让男孩了解并掌握宴会餐具的使用方法，并告诉男孩要把餐巾摊开后放在双膝上，不要挂在领口；餐巾可以用来擦嘴和手，但不能用来擦餐具或擦脸和鼻子；用餐完毕后要将餐巾叠起来摆放好。

彬彬有礼的小绅士人人喜欢，但也有些小男孩性格顽皮，难以管教。无论如何，父母都要教导男孩养成知礼仪、懂礼貌的好习惯。男孩可以顽皮，但不可以顽劣；可以腼腆，但不能小家子气。只要父母管教得法，任何性格的男孩都能做到知礼、守礼，任何出身的男孩都能成为一个有风度、有教养的人。

谦以待人，虚以待物

教育家谢觉哉曾说："一知半解的人，多不谦虚；见多识广有本领的人，一定谦虚。"

物理学家爱因斯坦正是一个虚怀若谷的人。爱因斯坦在世的时候，已经是一位声名显赫的物理学家，深受人们的敬仰。纽约河滨教堂陈列着世界上最伟大的学者的塑像，爱因斯坦是当时唯一在世时即被奉为偶像的学者。但他并没有被各种盛誉冲昏头脑，而是始终保持着谦逊的品格。他无法理解为何有人把自己当作偶像，也十分厌烦媒体对自己的宣传和赞美。最让他无法忍受的是那些记者、画师、雕塑家来找他拍照、画像、塑像。他自嘲道："我简直成了这些人的专业模特了。"

爱因斯坦从不骄矜于自己在物理学上所取得的成就。他认为自己所走的道路是前人开辟出来的，后来者之所以伟大是因为站在前人的肩膀上，因此他总是抱着敬仰和感激之心赞美前人的贡献。

他深谙科学技术的进步是许许多多人共同奋斗的结果，不是某一个人单打独斗的结果。他尊重每一个同行，对自己的下属和学生也从不傲慢。凡是和他接触过的人，都被他的和蔼可亲和平易近人所感动。

曾有人问爱因斯坦："您已经算得上是物理学界空前绝后的人才了，何必还要孜孜不倦地学习？何不舒舒服服地休息呢？"

爱因斯坦没有立即回答，而是找来一支笔、一张纸，在纸上画了一个大圆和一个小圆，对提问者说："目前情况下，在物理学这个领域可能我比你懂得略多一些。假如这个小圆代表你所掌握的物理知识，那么这个大圆就代表我所掌握的物理知识，而整个物理学科的知识是无边无际的。对于小圆来说，它的周长小，即与未知领域的接触面小，它感到自己未知的东西少；而大圆周长长，与未知领域的接触面大，所以感到自己未知的东西多，会更加努力地去探索。"

据说有一个喜欢空谈而不愿用功的青年整天缠着爱因斯坦，向他讨教成功的秘诀。爱因斯坦给这个年轻人列了一个算式：$A = x + y + z$，并解释道："A 代表成功，x 代表艰苦的劳动，y 代表正确的方法，z 代表少说空话。"爱因斯坦从不认为自己是天才，他觉得自己只是一个忠实、勤勉的真理的追求者。

一个谦虚的人，知道自己的不足，会不断地用知识武装自己的头脑。懂得越多的人，越知道自己的无知。一个骄傲的人，常沾沾自喜于芝麻大的成就而不思进取，反而让大脑荒废。知之甚少而又自以为是的人，就像井底之蛙，自负地认为天空只有井口那么大。就像老舍说的："骄傲自满是一座可怕的陷阱；而且，这个陷阱是我们自己亲手挖掘的。"

父母要教导男孩懂得"满招损，谦受益"的道理。避免男孩在学习上小有进步就扬扬得意，"尾巴翘得老高"，误认为别人都不如自己，听不进去任何意见，满足于现状，放松对自己的要求，最终导致"一招胜却满盘输"的结果。谦虚谨慎的男孩则能通过脚踏实地的学习，不断地求索，不断地增长人生的智慧。所以父母要在男孩说大话、骄傲自满、不思进取时，及时纠正男孩的错误行为，因为这些迹象表明，男孩已经走在人生的下坡路上了。

父母首先要给男孩做出谦虚的表率。父母不能汲汲乎功名，也不要总在男孩面前炫耀自己取得的成绩，以免使男孩形成错误的荣誉观。如果老成持重的父母都骄傲自大，那么年少轻狂的男孩就更不知谦虚为何物了。居里夫人常把自己获得的奖章拿给孩子玩，当别人质问她怎么能把象征至高荣誉的奖章交给孩子玩时，她只是笑笑说："荣誉就是玩具，只能玩玩而已，决不能永远留着它，否则将一事无成。"不过分追名逐利，不躺在成绩簿上睡大觉，在取得成就后依旧不断努力的父母，会潜移默化地教育出一个懂得谦虚做人、踏实做事的孩子。

另外，真正有见识的父母，从不炫耀自己的孩子。父母不要把孩子的出类拔萃作为炫耀的资本。优秀的孩子固然值得骄傲，但不宜过分吹嘘。父母在同事、朋友面前故意抬高男孩，或是过多地、轻易地夸赞他，容易助长男孩的骄傲心理。父母在表扬男孩时，要以实事求是的态度，表扬男孩的具体行为，不要笼统地夸男孩"聪明"，否则会让男孩错误地把聪明当作一劳永逸的资本。毕竟，聪明不等于智慧，聪明加汗水才是成功的关键。

父母要引导男孩正确地对待批评。渴望得到肯定是人的天性，男孩也不例外，但是一个只能接受表扬、听不得他人批评和建议的男孩是无法持续进步的。虚心地倾听他人的建议，正确地对待他人的批评，以"有则改之，无则加勉"的态度总结和反思自己的行为，可以让男孩在漫漫人生路上走得更加稳健，避免因得意忘形而翻车。

孔子曰："三人行，必有我师焉。"谦虚是一种格局，一种智慧，父母要教导男孩谦虚谨慎、博采众长。要让男孩牢牢记住：戒骄戒躁，才能精进；虚怀若谷，方成大器。

日省其身

一只南飞的乌鸦，途中遇到一只鸽子，它们一起停在树上休息。鸽子问乌鸦："你这么辛苦，要飞到什么地方去呢？为什么要离开这里呢？"

乌鸦叹了口气，愤愤不平地说："其实我不想离开，可是这里的居民都不喜欢我的叫声，他们看到我就生气，有些人还用石子打我。没人喜欢我，我只好飞到别的地方去。"

鸽子好心地劝它说："别白费力气了，如果你不改变你的声音，飞到哪儿都不会受欢迎的。"

生活中有些人就像这只乌鸦一样，只知道自己不受欢迎，却从不去想自己为什么不受欢迎；只知道怨天尤人，却从不知道反省自己是否有问题，是否值得他人尊重。

哲学家特莱斯说："人生最困难的事情是认识自己。"在生活中，发现别人的错误容易，认识自己的错误很难。人们经常看不到自己的过错，一味地把责任推给别人，这既是一种本能，也是一种习惯。

学会自省是一个人人格完善、走向成熟的标志。自省的过程是对自己的思想和行为做深刻检查的过程，可以让一个人清醒地认识自己、剖析自己，从而有效地提升自己。一个人只有不断地自我反省，才能真正了解自己；一个人只有真正了解自己，才能扬长避短、有所作为。

人际关系学大师卡耐基为自己建了一部档案，名为"愚事录"。每重看一遍自己对自己的批评，都能让他有醍醐灌顶之感，从而自我改进，避免以后犯同样的错误。

军事家艾森豪威尔许多年里一直保持着记录重要事情的习惯，他常把周末的夜晚留作自我省察的时间，总结自己在一周中的表现。他说这种持之以恒地坚持自我分析的习惯，对他的一生都有很大帮助。

政治家富兰克林每晚都进行自我反省，他发现自己经常犯的重大错误有十三个之多，其中最为突出的三项是：浪费时间、关心琐事及与人争论。他决定改正这些缺点，于是，他制订了一个计划，决心一周改进一个缺点，此后他一直与自己的缺点做斗争，整整持续了两年。

成功人士都善于通过自我反省及时修正错误，不断地调整自己做事的态度和做事的方法，这正是他们成功的秘诀之一。

每个父母都望子成龙，希望孩子将来能有所成就，那么，父母究竟应该怎么做，才能让男孩学会自我反省，不断地自我完善呢？

一、与其批评孩子，不如自我批评

妈妈在厨房做饭时，一边炒菜，一边用手从锅里拿菜品尝，这一幕恰好被成成看到了，他在厨房门口探着脑袋问妈妈："妈妈，你怎么偷吃东西？"妈妈含着满嘴食物说："妈妈在尝咸淡。"成成接着又问："那你怎么用手，不用筷子？"妈妈理直气壮地说："小屁孩，还教训起你妈来了！妈妈手干净着呢，要不怎么做饭给你吃？"妈妈说着关火、装盘，然后端着菜往餐厅走，成成冲妈妈做了一个鬼脸，跑开了。

等妈妈端着饭来到餐厅时，发现成成正用手在盘子里拨来拨去，妈妈呵斥道："住手！成成你怎么能用手在盘子里扒拉？"成成疑惑地看着妈妈："你不是说可以用手吗？你可以，为什么我不可以？"妈妈气得一时不知如何回答，随口说道："因为你的手脏。""我的手不脏，我洗过了。"这时妈妈更没话可说了。

很多父母都是这样，对自己要求很低，却希望男孩养成好习惯。若是父母意识不到自己的错误，只知道要求孩子，不懂得自我反省，那么他肯定教育不出一个善于自警——自省——自励——自律的男孩。所以父母在教育男孩时，要常常反省自身的不足，通过言传身教，教男孩学会自我反省、自我批评、自我控制和自我教育。

二、与其批评孩子，不如引导孩子学会自我批评

周日的晚上，天天看完动画片，不顾妈妈的催促继续玩玩具，等爸爸妈妈都睡着了，他才拖着疲惫的身体爬上床。第二天，天天一睁眼看见表上的指针，就知道自己迟到了。他怒气冲冲地跑到妈妈面前说："为什么不叫我起床？害得我迟到了。"妈妈反问道："你明明知道今天要上学，昨天为什么还玩到那么晚？我三番五次地催你睡觉你也不听，难道今早叫你起床你就会听吗？"

天天不知道如何反驳妈妈，但他仍然认为自己迟到这事儿都赖妈妈，他气鼓鼓地跑回房间收拾书包。这时爸爸走进来对他说："儿子，如果爸爸上班迟到，爸爸绝不会怪妈妈没有叫我起床。我只会觉得那是我自己没有规划好时间。当然，我也不会怪你，因为你也没有叫我起床的责任，你说对不对？"天天听了爸爸的一番话，好像悟出了点儿什么，他不好意思地低下了头。

天天走出房间向妈妈道歉，并保证说："我迟到是因为我没有规划好时间，今后我一定早睡早起，不会再玩到那么晚了。"

在男孩犯错时，父母与其直接指出男孩的错误，不如引导男孩反省自己的所作所为，让他主动承认错误。通过反省，男孩能够更深刻地认识到自己的错误，从而主动去改正。

三、与其批评孩子，不如教孩子学会做事考虑后果

皮皮答应周六陪同学去公园放风筝，可是周六一起床，他发现外面太热了，不如在家看动画片舒服。吃过早饭，妈妈提醒皮皮该出门了，皮皮却一屁股坐在沙发上，拿起遥控器吵着要看动画片，把和同学的约定抛到了脑后。

妈妈又提醒皮皮："再不出门就要迟到了。"

"我不打算去了，外面太热了，不如在家看电视。"

这时妈妈没有生气，也没有继续催促皮皮，而是坐在他身边陪他一起看动画片，然后装作不经意地和皮皮聊起天来。

"皮皮，你这次答应了同学一起去玩，却没去赴约，你说你的同学下次还会不会约你？"妈妈装作好奇地问。

"会吧，"皮皮顿了顿，接着说，"不过，也有可能不会了。"

妈妈接着问："那如果下次他不约你了，你会不会失去一个好伙伴？"

"嗯，会，他是我最好的朋友。"

"失去最好的朋友你会伤心吗？"妈妈小心地观察着皮皮的表情。

皮皮的神色果然黯淡下来，他想了一会儿，扔下遥控器就去拿风筝。出门时他回头对妈妈说："妈妈，我不能为了看电视而不遵守和朋友的约定，我要去赴约了。"

妈妈赞许地点点头，露出欣慰的笑容。

很多男孩由于计划性差、意志力薄弱等原因，常常做事不计后果。

这时父母要启发男孩确切地知道后果将是什么，当男孩想清楚自己是否承担得起那样的后果时，自然会做出正确的选择。

海涅说："反省是一面镜子，它能将我们的错误清清楚楚地照出来，使我们有改正的机会。"所以，父母一定要教男孩学会自省，保持内心的清明。

曾子曰："吾日三省吾身：为人谋而不忠乎？与朋友交而不信乎？传不习乎？"父母也可以引导男孩"日省己身"，每晚睡觉前让男孩问问自己："今天，我学到了什么？我有哪些进步？我做错了哪些事情？怎样才能做得更好呢？"如果男孩每天都能认真地回答自己提出的问题，做到自我认知，自我评价，自我反思，自我改进，那么他一定会不断地突破自我的束缚和局限，在成长中蜕变，在蜕变中成长，脱胎换骨，破茧成蝶。

8

第八章

树立正确的金钱观，提高男孩的财商

孩子，我们来谈谈钱吧

如何开口和孩子谈钱，向来是中国父母的一个难题。受"君子喻于义，小人喻于利"的儒家思想的影响，中国父母通常会秉持安贫乐道、重义轻利的思想，认为谈钱太鄙俗，和孩子谈钱更是大忌。认为从小和男孩谈钱会让男孩钻进"钱眼"里，长大后变成一个财迷心窍、唯利是图的人。

所以，中国孩子一般从小接受的教育就是"读书是你的责任，钱不钱的不是小孩子该操心的事"。父母除了为孩子支付各种费用外，几乎从来不和孩子谈论关于金钱的话题，和家人谈论时也常常避着孩子，生怕孩子听见。金钱和性一样，变成大多数中国父母与孩子交谈的禁区。但是，在现实生活中，男孩真的像父母想的那样，不用操心金钱的事吗？显然不是。

在男孩的成长过程中，他要面对很多现实的问题，比如买不买想要的玩具，零花钱怎么花，如何管理压岁钱等；长大了还要面对衣食住行方面的花销以及劳动收入、房贷支出，等等。这一切都和金钱息息相关。父母不和男孩谈钱，就像"羊妈妈害怕狼来，不敢和小羊谈狼的模样"一样，但男孩终究要面对生活中的"狼"，掩耳盗铃式地闭口不谈，只会在"狼"来了的时候，"小羊"把"狼"当成"牧羊犬"，然后被"狼"轻而易举地吃掉。

如果父母能换一种思维方式，在男孩小的时候，对其提出的金钱方面的疑惑及时给予解答，并利用一切可以利用的机会提升男孩对于金钱的认知能力、管理能力，等到男孩独自面对金钱方面的问题时，多半就不会毫无概念、一头雾水了。

那么家长该如何和男孩谈钱呢？父母和男孩谈钱，目的并不是教男孩学会如何赚钱，而是教他认识钱，这里就要提到一个词——财商。

"财商"（Financial）的概念是企业家罗伯特在《富爸爸，穷爸爸》一书中提出来的。罗伯特的本意是指"金融智商"，英文缩写为"FQ"。它是指一个人认识金钱和驾驭金钱的能力。换个说法，是指一个人在财务方面的智力，即理财的智慧。具体来说，是指一个人正确认识和应用财富及财富倍增规律的能力。

如果把拥有的财富比作一辆汽车，那么提高男孩的财商，就是提高男孩驾驭汽车的能力。首先是选择适合自己的车型，最终的目的是让这辆车载着男孩到达理想的彼岸。

对于男孩来说，财商和智商、情商同等重要，但是学校里并未开设相关的课程，也不对孩子们进行这方面的教育，所以父母就成为孩子的领路人。父母要在生活中有意识地和男孩谈钱，把财商教育贯穿于生活的点点滴滴中。

在男孩好奇为什么冰激凌比棒棒糖贵，纠结买玩具还是去游乐场玩时，或者苦思冥想如何挣钱去实现自己小小的心愿时，父母不要简单地满足或拒绝，也不要吓唬和哄骗。不妨适时地多给予男孩一点引导和启发，提高男孩的财商。让男孩不仅懂得如何去解决金钱方面的小难题，而且对经济、管理等知识产生浓厚的兴趣，这对男孩的成长大有裨益。

让很多父母感到困惑的是，跟多大年龄的男孩谈钱才合适呢？俗话说："三岁看大，七岁看老。"从心理学的角度来讲，三岁是男孩性格形成和身心发育的重要阶段，也是可以开始对男孩进行财商教育的启蒙年龄。

国外对儿童的财商教育有着较为成熟的体系和清晰的思路。比如在美国，3岁的儿童要学会辨别硬币和纸币；4岁要懂得在购买商品时做出取舍；5岁要知道钱是等价物，知道钱是怎么来的；6岁要学会找零；7岁要能看懂价格标签；8岁要知道自己拥有赚钱的能力，学会把钱存到储蓄账户里；9岁要能够简单地制订一周的开销计划，知道购物时比较价格；10岁要懂得储蓄备用金，节省小钱，以备不时之需；11岁要能从电视广告中有所发现；12岁要能够制订并执行两周以内的开支计划，懂得正确使用办理银行业务的专业术语。在英国，大多数银行为16岁以下的儿童开设有特别账户，三分之一的英国儿童会将他们的零花钱和打工收入存入其中。

中国的父母也逐渐意识到教育男孩树立财商意识、树立正确的金钱观的重要性，开始引导男孩正确地认识钱，让他知道钱从哪里来，如何支配。这样的财商教育不仅揭开了金钱神秘的面纱，让男孩了解金钱背后纷繁复杂的社会问题，而且也能让作为经济人的男孩在经济社会拥有驾驭金钱的能力。

不要这样和男孩谈钱

现实生活里也存在一些和男孩谈钱的父母，他们在与男孩交流时，画风可谓千奇百怪。有的会说"宝宝，快点吃饭，吃完就带你去买冰激凌""快点写作业，写完就带你去游乐场""等你考试考了100分，爸爸就给你买你最喜欢的那款玩具枪"；也有的说"乖宝宝，你最懂事了，爸爸妈妈现在经济压力好大，给你的零花钱，你要省着点用"；或者说"儿子，这里的玩具你随便选，我们有的是钱，都是留给你的，你这辈子都吃喝不愁"；还有的说"等你长大了就踏踏实实地挣点辛苦钱，不要幻想挣大钱，更别想着买什么股票、基金和理财产品，就爸妈这理财能力，生不出一个高财商的儿子"。

这样的亲子对话，是不是很奇怪？这些父母确实在和男孩谈钱，可是他们谈钱的方式却是错误的，陷入了财商教育中最常见的几个误区。

一、为了达到自己的目的而"贿赂"男孩

在生活中，很多父母会不自觉地"贿赂"男孩，用金钱带来的好处诱惑男孩多吃饭、快点写作业、努力学习等。父母的出发点无疑是好的，但是父母的做法真的对男孩有益吗？

其实，父母用金钱的替代品"贿赂"男孩，不仅达不到管教男孩的目的，还会让父母偏离教育的初衷。父母的"贿赂"会让男孩觉得，只要按照父母说的去做就能得到好处，比如得到自己想要的玩具和零食。长此以往，男孩就会为了得到玩具和零食而做他应该做的事。本来认真做事，比如好好吃饭、好好睡觉、好好学习，是男孩茁长成长的一种自我需求，男孩如果带着功利的目的去做，很难从中得到真正的快乐，更无法养成一种好习惯。如果有一天男孩因为不想做事而拒绝接受"贿赂"，他就能理直气壮地不做那些他必须做的事，这样的教育显然是失败的。

所以父母在和男孩谈钱时，首先要明确哪些事情是男孩自身的职责和义务所在，无须"贿赂"；哪些事情是可以支付报酬、可以讨价还价的。

比如让男孩做家务，帮妈妈洗碗、拖地，帮爸爸擦鞋、洗车、浇花，这些活儿可以让男孩干。父母可以通过支付报酬的方式激励男孩热爱劳动。当然，父母也可以把一些简单的家务活儿无偿地分配给男孩，让他尽家庭一员应尽的义务。至于上学、写作业、考个好成绩等，这是男孩作为学生应该完成的任务，是不需要支付报酬的；至于吃饭、睡觉、洗漱这些事，是男孩作为一个自然人该做的事，更不应该用金钱来"贿赂"他。因为在金钱的驱使下，男孩即使养成了一些好习惯，也会在以后的独立生活中逐渐丢掉。

那么对于男孩义务范畴内的事，如果父母想用金钱激励他，应该怎么做呢？

父母可以通过教育，让男孩明白这样一个道理：尽责是必须完成的事，奖励是完成之后可能会发生的事。比如催促男孩写作业时，可以对男孩说："写作业是你早晚都得完成的事情，写完作业你才能去买冰激凌，才能去公园玩。如果你能早一点写完，那么你就能早一点吃到冰激凌，还可以在公园多玩一会儿。"这样管教，才能让男孩接收到正确的激励信息，先主动去做自己该做的事，然后再去做自己想做的事。

二、以"哭穷"或"炫富"的方式影响男孩的金钱观

父母的金钱观在很大程度上会影响男孩对金钱的认识。

有的父母为了培养男孩节俭的习惯，故意在男孩面前"哭穷"。比如当男孩想买玩具时，妈妈从口袋里掏出一点零钱说："你看，妈妈就这点儿钱了，连饭都快吃不起了，哪儿有钱给你买玩具呀。"这时男孩只好垂头丧气地放弃买玩具的念头。

又比如在男孩弄丢铅笔时，妈妈想让他长记性，就故意说："我们辛辛苦苦地挣钱，为供你上学省吃俭用，父母都快累死了，你还在这儿丢东西，你对得起我们吗？"丢东西本来是一件小事，可以用很多方法来教育男孩长记性，可是父母这样一"哭穷"，就会让男孩深感内疚，丢东西的毛病也许会改掉，但是男孩在巨大的心理压力下，可能会对金钱产生恐惧甚至憎恶的心理。

有的父母平时为男孩购买价格昂贵的玩具、衣服，毫无节制地给男孩零花钱，使男孩养成奢侈浪费和爱慕虚荣的生活作风。

不管父母是"哭穷"还是"炫富"，都无法让男孩了解家庭真实的经济状况。一个虚假的经济环境不利于男孩客观地认识金钱、合理地支配金钱，同时也不利于男孩形成正确的金钱观。

三、以没有天赋为由，放弃对男孩财商的培养

很多父母认为财商和智商一样，都与天赋有关，是与生俱来的，自己没有足够的财产，不会理财，想必孩子也一样，于是放弃对男孩财商的培养。

其实这种想法和做法是不对的。首先，财商与天赋无关，基本上是一种可以通过后天的学习和实践而获得的能力；其次，父母这一辈没有什么钱，不代表男孩长大后不会赚钱；最后，培养男孩的财商除了教男孩学会创造财富，还包括让男孩掌握一定的财务知识和投资战略，懂得管理财富。综上所述，无论身处什么样的家庭，男孩都应该接受财商教育，提升与钱打交道的能力。

从小和男孩谈钱固然重要，但更重要的是，父母要正确地和男孩谈钱，否则反而会造成男孩对金钱的错误认知。父母还应该明确一点，从小对男孩进行财商教育，并不能保证男孩在以后会积累很多财富，只是能保证，他比同等背景下没有接受过财商教育的人，有更强的获取金钱和管理金钱的能力。

再富不能富孩子

在生活中，不少父母认为"再苦不能苦孩子"，一直秉持着"富养"孩子、"会花才会赚"的育儿理念。

这些父母对孩子的要求总是立即满足，家庭条件好的便放手让男孩花钱，家庭条件一般的也要省吃俭用，满足男孩各种物质上的要求。他们认为，"富养"男孩，从小培养男孩富人的气质，让男孩像富人那样花钱和享受，他以后就会沿着富人的轨迹发展。

古语云："近朱者赤，近墨者黑。"也许这种"富养"男孩的方法，能让男孩开阔眼界，交到一些富有的朋友；但能否让男孩真正走上富裕的道路，并不确定。也许这种表面上的模仿，只会使世间多一个东施效颦、邯郸学步的笑话。

"富养"男孩的本质是"富养"男孩的品质，即通过在生活中磨炼男孩，使男孩拥有优秀的品质。许多有钱人成功"富养"男孩的事例告诉我们，真正的"富养"，其实是精神上的"富养"，物质上的"穷养"。

世界首富比尔·盖茨曾表示，再富也不能富孩子。他在退休时宣布将580亿美元的财富捐给自己创办的基金会，而不是留给自己的孩子。

美国洛克菲勒家族拥有的财富难以计数，但老洛克菲勒每个月只给儿子几美元零花钱。有人问他："你这么有钱，为什么还如此吝啬？"洛克菲勒回答说："这不是吝啬，而是责任。我之所以这样做，是要让他从小就知道，钱来之不易。只有养成节俭的习惯，长大后才能有所作为。"

李嘉诚对儿子也实行"穷养"之道。他曾说："如果子孙没有出息，享乐，好逸恶劳，存在着依赖心理，那么留给他们万贯家财只会助长他们贪图享受、骄奢淫逸的恶习，最后不但一事无成，反而成了名副其实的纨绔子弟，岂不是害了他们？"

而当物质匮乏时，他则提出了"富养"的花钱之道："假如你的月收入只有2000元，那么可以把钱分成五份。第一份600元，第二份400元，第三份300元，第四份200元，第五份500元。第一份，用来作为生活费。第二份，用来交朋友，扩大你的人际圈。第三份，用来学习。第四份，用于旅游。第五份，用来投资。"

由此可见，"富养"男孩不是一味地满足男孩物质上的要求，而是包含两个意思：一是通过物质上的"穷养"磨炼男孩富足的精神品质；二是把金钱花在交友、学习、体验和投资上，从而间接地转化为财富。从第二点来看，也是符合"会花才会赚"的说法的，但这里的"花"不是指把钱花在生活享受上，而是为以后积累财富做准备。

肖寒家在当地拥有十几家连锁超市，可谓富甲一方。肖寒的爸爸从一家小商店白手起家，充满艰辛的创业体验，让他对肖寒的教育也有几分新的理解。

肖寒和父母住在一栋老居民楼里，不知情的人根本看不出他们是坐拥几亿资产的人家。肖寒的父母为人低调，不穿名牌，不开豪车，连给肖寒零用钱也很吝啬。有一次，肖寒看见别的同学打开钱包，百元大钞一大沓，他有点羡慕。回家后肖寒问爸爸："为什么我的零用钱里连一张百元大钞都没有？"爸爸意味深长地说："会挣钱比拥有钱更重要，能守住钱又比会挣钱更重要。"肖寒不知其意，他苦恼地挠挠头。爸爸看见了，也摸摸他的头，笑着说："听不懂没关系。只是你要记住，吃得苦中苦，方为人上人。等你长大了，自然能体会其中的道理。"

一直以来，肖寒都会在假期去打工，赚点零用钱。他不仅继承了父母吃苦耐劳的优秀品质，而且让人感到惊喜的是，他不怕苦的精神也体现在了学习上，学习成绩一直名列前茅。

真正的"富养"男孩，真正的会"花"，其实是"花"心思磨炼男孩的意志品质、"花"金钱提升男孩的各种能力，而不是把钱花在奢靡的物质享受上。金钱并不意味着一切，精神上的富有才是真正的富有。

攒的不是钱，是幸福

著名投资家博多·舍费尔专门为孩子们写了一本初级理财启蒙书，叫《小狗钱钱》。这是一本引导孩子们正确认识财富、创造财富的"金钱童话"。书中有这样一则故事：

小主人公吉娅把一张列了十个愿望的梦想清单读给小狗钱钱听，小狗钱钱让吉娅圈出最想实现的三个愿望，其他的暂时舍弃。最终吉娅选择了以下三个愿望：提高自己的英语水平，明年夏天参加交换生项目去美国留学；拥有一台笔记本电脑；帮爸爸妈妈还清债务，让他们不再那么辛苦。

这时小狗钱钱说，大多数人并不清楚自己想要的是什么，他们只知道自己想得到更多的东西。如果把自己的生活想象成一家很大的邮购公司，你给邮购公司写信说"请给我寄一些好东西来"，你肯定什么都得不到。我们的愿望也是一样，你必须确切地知道，自己心里最渴望得到的是什么才行。

吉娅问，知道自己想要什么，就能实现吗？小狗钱钱告诉吉娅，明确目标只是实现目标的第一步，而为了实现目标，还需要做三件事情。第一件事是准备一个梦想相册；第二件事是想象梦想实现的场景；第三件事，也是最重要的一件事，就是准备一个梦想储蓄罐。

小狗钱钱向吉娅解释：梦想相册的作用是激发你的想象力，让你满怀热情、信心百倍地去追求内心最渴望的东西；每天看梦想相册，想象梦想实现时的场景，可以提升你的行动力，人们把这种行为称作"视觉化效应"；实现梦想需要资本，而梦想储蓄罐是最简单的攒钱方式之一。

接下来吉娅就开始执行为梦想储蓄的计划：第一，做了两个梦想储蓄罐；第二，在每个储蓄罐里放进了五马克零钱；第三，学了一些与金钱有关的知识；第四，下定决心永不气馁……

书中这段以梦为马的情节告诉我们：实现梦想的第一步就是学会储蓄。如果想培养男孩的财商，不妨从引导男孩养成储蓄的习惯开始。

成功学大师拿破仑·希尔曾说:"对所有的人来说,存钱是成功的基本条件之一。"储蓄是理财的第一步,只有积累了人生的第一桶金,才能开始理财计划。

那么,什么是储蓄呢?

储蓄就是把节约下来或暂时不用的钱存起来。把钱存在银行里收益低,但是风险小。其最大的好处就是可以灵活存取,以备不时之需。

从某种意义上来说,储蓄是为了以后的消费而牺牲掉现在的消费。

储蓄是一个慢慢积累的过程,也是我们应对生活不可知变化的一种手段,就像是一个保险箱,让我们有一种安全感。另外,从理财的角度来看,储蓄是最基本也是最保险的理财手段。

父母从小引导男孩学会储蓄,可以让男孩树立量入为出的金钱观,让男孩学会合理安排个人花销,学会有计划地花钱;并且在父母有意识的引导下,男孩还可以初步了解和掌握一些理财知识。

父母可以根据男孩的年龄特点,为男孩量身定制不同阶段的储蓄计划,帮助男孩养成储蓄的习惯。

一、给男孩准备存钱罐

对于年龄较小、零钱较少的男孩来说,往存钱罐里存钱,是最基本和最简单的一种储蓄方式。

美国著名的教育家戈弗雷曾建议父母给孩子买三个漂亮的存钱罐:第一个存钱罐里的钱用于日常开销,比如购买学习用品、生活用品等必需品;第二个存钱罐里的钱用于短期储蓄,主要为实现男孩的近期目标,比如购买一个大玩具、去一趟迪士尼乐园而储蓄资金;第三个存钱罐里的钱为以后的理财计划做准备。利用小小的存钱罐,不仅有条理地规划好了零花钱的用途,而且能让男孩从积少成多中体会到储蓄的快乐,从而自愿养成储蓄的习惯。

二、为男孩开设儿童账户

当男孩存钱罐内的钱达到一定数目时,可以为男孩在银行开设一个儿童储蓄账户,引导和帮助男孩根据本金的多少选择不同的储蓄方式。

1. 零存整取法。父母可以引导男孩有计划地使用零花钱,每月节省出固定的数目,定时存入银行账户,等存够约定期限时连本带息一起取出。每月不起眼的一点钱经过不断积累,可能会变得数目可观。男孩不仅可以从中感受到储蓄的快乐，而且能够避免寅吃卯粮的超前消费造成的巨大危害。

2. 四分储蓄法。如果男孩有 2000 元存款，可以将其分成四份，每份分别为 200 元、400 元、600 元、800 元，然后把这四份钱分别存成一年期。这种储蓄法不仅可以保证一定的利息，而且万一需要提前支取的话，只需取出其中的一部分，其他存单的利息不会受损。

3. 阶梯式储蓄法。当男孩的本金达到一定数额时，如果男孩把钱存成一年期存单，利息会很少；但如果存成多年期存单，等到利率上调时，就会失去获得高利息的机会。所以父母可以教导男孩采用流动性强、又能获得较高利息的阶梯储蓄法。

如果男孩手中已经攒够了 3000 元，那么他可以分别将 1000 元存 1 年期，1000 元存 2 年期，1000 元存 3 年期。1 年后，他就可以用到期的 1000 元再去办理一个 3 年期存单，以后年年如此。3 年后，男孩手中所持有的存单存期全部为 3 年，但是每个存单到期的时间不同，这样做相当于用一年流动性，拿三年的利息；在加息周期中，还可以获得利息上调的红利。

4. 12 存单法和 24 存单法。如果男孩每个月有 50 元钱可用于储蓄，父母可以建议男孩每月办一张 50 元一年期的存折，一年后就有 12 张定期存折。每月会有一张存折到期，届时男孩取出本息，再存成一年期。这样操作的结果是男孩手上始终有 12 张存折，利息收益也不错。而且这种储蓄法的流动性比较好，若遇到紧急情况需要用钱时，可以支取到期的钱，或者支取近期存款，损失不会太大。如果男孩有赚取额外收入的能力，建议采取上述方法进行储蓄。也可以每半个月办一张存单，这样男孩手里始终有 24 张存单，存款的流动性和抵抗利息损失的能力会更强。

5. "利滚利"式储蓄法。这种储蓄法实质上是将定期储蓄与零存整取两种储蓄法进行组合，从而达到"利滚利"的效果。

如果男孩有 1 万元存款，他把这些钱存本取息，一个月后，他取出第一个月的利息，用这份利息开个零存整取的储蓄户头，然后每个月都从本金账户里取出利息，存到零存整取的账户中去。如此循环，不但本金得到了利息，而且这些利息也得到了利息，一笔钱获得了两份利息，达到了"以利生息""利滚利"的目的。另外还可以办理一个"自动转息"业务，银行会按照"自动转息"的约定，将本金账户中的利息自动转存到零存整取的账户里去，从而省去了每个月存取利息的麻烦。

《富爸爸，穷爸爸》的作者罗伯特在书中写道："我们不仅应教给年轻人学术上的技能，也应当教给他们理财的技能。这不仅是他们在这个世界上能够生存下去的必备技能，而且也是使生活变得更美好所必须具备的技能。"教导男孩养成储蓄的习惯，是学习理财的第一步，也是男孩拥有更美好生活必备的技能。

储蓄是财富成长的种子，当你遇到突发情况急需用钱时，储蓄不但可以帮你渡过难关，而且让你有资本、有底气重整旗鼓，东山再起。

需要说明的是，父母教导男孩养成储蓄的习惯，不是为了让男孩勒紧裤带省钱，更不是盲目地理财，而是根据自身的条件，选择最适合自己的储蓄方式。最终目标是让男孩树立正确的金钱观，学会有计划地花钱、存钱，让男孩的财富稳步增长。对男孩进行财商教育，教导男孩学一点理财知识，可以为男孩以后实现财务自由打下坚实的基础。

送给男孩一本收支小账本

上小学的小瑞，每个月都会从父母那里得到 300 元零花钱，在很多同学眼里，小瑞已经算是个“富翁”了，可是小瑞还是不满意，常常噘着嘴向妈妈抱怨：“钱可真不经花，才半个月，我的零花钱就所剩无几了，估计撑不到月底了。”

妈妈问他：“那你说一说，你的钱都花到哪里了？”

小瑞仔细想了想说：“买学习用品、买零食、买贴画、买手套，还有……哎呀，太多了，我记不清了。”

这时妈妈笑了，神秘地说：“我有个秘密武器能让你记清，你想不想知道自己的钱是怎么花光的？”

被妈妈这么一问，小瑞也很好奇自己的钱都花到哪里去了，他连忙点头说：“嗯，想！”

妈妈去书房拿出一个精致的小本子，递到小瑞手里：“这就是我说的秘密武器——记账本。”

“好酷的本子，还带着笔呢。”小瑞情不自禁地赞叹道。

妈妈说：“既然你喜欢，以后就装在书包里，记下你的每一笔花销。到月底我们一起来看一看，你的钱都花到哪儿去了。妈妈觉得，记账能帮你省钱，只要你坚持记账，说不定到年底你还能有一笔小小的存款呢。”

“好呀，今天买零食花了 5 元，我先记上。”显然，小瑞对年底能有一笔小小的存款充满期待。

接下来的日子里，小瑞一直“沉迷”于他的记账本，每天涂涂写写、加加减减，计算着每一笔收入和支出，然后和自己手头的现金进行核对，检查有无遗漏和差错。他一边留意钱是怎么花掉的，一边期待自己能省出钱来。

有一天，小瑞突然抱着账本对妈妈说：“妈妈，我真是太贪吃了！一个月 300 元的零花钱，有一大半都花在了零食上。早知如此，我就少吃点了，省下来的钱都够我买一个新篮球了。"

妈妈微笑着说："是呀，而且你爱吃的炸鸡腿和薯条都是垃圾食品，吃多了对身体不好。不过你今天认识到了问题所在，我相信你会重新规划自己的财务支出的。"

果然，妈妈很快便看到了小瑞的变化。逛街经过肯德基店铺时，小瑞想吃薯条，妈妈拒绝给他买，但允许他用自己的零花钱买。小瑞掏出账本看了看，这个月还剩 10 天，他的账本上清楚地记录着他的零用钱还剩 110 元，按理说是够花的，但是他计划这个月省出 50 元作为买新篮球的储备金，这样账面上只剩 60 元，60 元过 10 天，不节省可不行。这样想着，小瑞咬咬牙说："今天不吃了，想想新篮球，不吃也罢。"妈妈赞赏地拍了拍他的肩膀。

快到年底的时候，小瑞已经养成理性消费的习惯。他不仅学会了有计划地花钱，而且学会了储蓄。自从记账以来，小瑞每个月都有结余。为了实现自己的愿望，他还萌生了打工挣钱的想法。

到了年底，小瑞通过记账避免了一些不必要的花销；通过帮妈妈做家务，帮爸爸洗车，有了几笔小收入。对于自己辛苦挣来的钱，小瑞更舍不得轻易花掉；鉴于小瑞这一年的良好表现，爸爸妈妈给了小瑞一份额外的奖励，这个时候他真的拥有了一笔小小的存款。

小瑞从一个零花钱月月光的男孩，变成一个懂得量入为出，知道节省和储蓄的男孩，甚至有了用劳动换取报酬的意识，小小的记账本功不可没。妈妈鼓励小瑞坚持记账，不只是为了让小瑞知道他的钱去哪儿了，更重要的是培养小瑞对金钱负责的态度和管理金钱的能力。

人的欲望是无穷的，特别是手中有钱的时候，花起来就容易冲动。如果想让自己花钱有节制，就需要清楚自己的财务状况，时刻提醒自己理性消费。

记账的习惯能够帮助男孩更清醒地思考自己真正的需求，不盲目消费，不冲动消费，从而减少不必要的花销。有计划、有节制地花钱，是男孩应该具备的素质和能力。如果男孩小时候能管好自己的"小金库"，控制好自己的小欲望，那么长大以后，他会更懂得什么是"量入为出"和"取舍有度"。

父母引导男孩养成记账的习惯，其根本目的：一是引导孩子适度消费，精打细算，避免大手大脚乱花钱。一旦发现男孩有不合理的消费行为，要及时纠正。二是让男孩摸清自己的收支情况，做好财务规划，并通过自食其力满足自己部分的消费需求。三是让男孩从中得到历练，获得宝贵的人生经验。

在引导男孩记账的过程中，父母可以适时地为男孩讲解一些基本的财务知识，引导男孩切实有效地实行财务规划。相信经过不断的学习和实践，男孩在踏入社会以后，会拥有更卓越的理财能力。

教给男孩一点金融小知识

俗话说"你不理财，财不理你"，男孩如果从小耳濡目染地受到父母的熏陶，树立了理财意识，那么长大后更善于与金钱打交道，知道如何调动现有的资源去创造更多的财富。下面这些金融知识，父母可以有意识地给男孩进行讲解，从小培养男孩的财富意识和理财意识。

一、信用卡

信用卡是由商业银行或信用卡公司对信用合格的消费者发行的信用证明。持卡人可以用它进行消费，还可以在规定额度内透支。信用卡利用得好，既便于购物、结算，又可以变相地省钱；利用得不好，则会让持卡人的信用受损，影响以后的经济活动。所以首先要了解信用卡的基本功能和使用方法，根据需求使用，不要盲目办理和消费，以免因过度消费深陷债务危机。

在生活中，不少年轻人刚入职就沦为"卡奴"，最终不得不靠父母为其还款，这样的例子屡见不鲜；一些精明的主妇，通过办理多张信用卡，只要少量的流动资金，就可以循环把几倍的透支额度用满，相当于向银行无息贷款。可见使用信用卡有利有弊，既为一部分人提供了便利，也为一部分人增加了风险。

没有哪个父母希望自己的孩子以后沦为"卡奴"，所以要提前给男孩讲清楚使用信用卡是有风险的。对于年龄较小的男孩，告诉他信用卡如何使用就可以了；对于大一点的男孩，则须告诫他信用卡还款逾期的严重后果。

在使用信用卡时，一旦出现还款逾期的情况，银行会继续和你合作，但同时会提高还款利息，这是一种带有惩罚性质的合作方式。从当前国内大部分银行的利率来看，如果信用卡的欠款逾期未还，不仅会全额罚息，而且每天还有万分之五左右的循环利率，从而导致年利率高达20%左右，远高于普通贷款的利率。

不管是谁，若长期还不上信用卡上的欠款，就会在银行信用记录里失去"信用"，被列入银行的"黑名单"。个人征信记录不良，不仅会影响出行、就业，还会使个人及伴侣在办理贷款时受到限制。银行有可能不再借款给你们，或者借款时需要支付比别人高很多的利息。所以家长要教导男孩，在使用信用卡时一定要提前规划好额度，牢记"量入为出"和"按时还款"的原则。

二、利息

利息其实就是金钱的时间价值。储户把钱存入银行或购买理财产品，就能从银行得到相应的利息。一般来说，储蓄时间越久，利息越多；理财产品的风险越大，利息越高。

利息的计算公式为：利息 = 本金 × 利率 × 存期

父母可以帮男孩在银行开个账户，让男孩了解一笔钱存入银行并获得利息的全部过程，真切地感受拥有存款是怎样的一种体验。

三、复利

爱因斯坦曾说，复利是人类的第八大奇迹。确实，复利有着强大的威力。父母可以给男孩讲讲下面的故事，让男孩对复利有一个更加感性的认知。

古时候，有个国王决定嘉奖围棋游戏的发明者，他答应满足发明者一个愿望。发明者说："尊敬的陛下，请您赏我一些米吧，只需在棋盘的第一格放上 1 粒米，在第二格放上 2 粒米，在第三格加倍至 4 粒……依此类推，每一格均是前一格的两倍，直到放满整个棋盘为止。这就是我的愿望。"

国王一听发明者的愿望如此简单，就爽快地答应了。国王命令仆从按照约定的规则在棋盘上摆放米粒，每放一格便倍增米粒的数量。当第一排的 8 个格子放满时，分别为 1、2、4、8、16、32、64、128 粒米，旁边的大臣们觉得发明者提出的要求太可笑。但放到第二排中间时，大臣们一个个目瞪口呆，再也笑不出来了。因为他们发现，每一格的米已从一小堆逐渐变成一大堆了。到第二排放满时，王宫的米仓已经空了，而国王还欠发明者很多很多粒米。

国王召来全国最聪明的数学家，计算出的结果令所有人大吃一惊：如果将一粒米以倍增的方式放满 64 个棋格，竟然需要 1800 亿万粒米，总数相当于全世界米粒总数的 10 倍。最后国王只得将上千公顷富饶的土地赏赐给发明者，请他放弃用米填满棋格的要求。

复利是本金和前一个利息期内应计利息共同产生的利息，时间越长，依靠复利创造的财富就越多，投资的回报率也就越高。一般来说，银行的普通存款没有复利，只有单利。但是，如果是个人欠银行的债务，比如贷款或透支信用卡，银行则会按复利计算利息，也就是人们常说的利滚利。随着欠款人拖欠时间的积累，这将变成一笔数额庞大的负债。

四、基金和股票

基金和股票是区别于银行储蓄的两种理财方式。一般来说，股票的回报率比基金高，同时风险也更大。

说到股票，人们往往爱恨交加。有的父母甚至希望男孩以后远离股票及一切与股票相关的投资活动，这种想法显然是不现实的。在未来，金融投资将会与每一个人的生活息息相关，股票自然也会成为投资的一部分。需要提醒投资者的是，股市有风险，投资需谨慎。父母要告诉男孩，在进行股票投资时必须注意两点：一、如果不了解证券基本理论和操作技巧，千万不能把股票投资当作家庭收入的主要来源；二、进行股票投资时，一定要做到不急躁、不恐惧、不贪婪，要以平和的心态面对股价的波动。

投资界有一句至理名言："不要把鸡蛋放在一个篮子里。"如果把资金看成是鸡蛋，那么必须将其投放在几个彼此没有关联的项目上，以达到避险增值的目的。举个例子来说，比如男孩有1万元钱用来投资，如果都投资股票，万一股市暴跌，男孩将会损失惨重，甚至血本无归。但若是把这1万元分成4份，1份买股票，1份买基金，1份买黄金，1份存定期，那么即使股市不景气，也能保证男孩的整体投资不会亏得太多。

任何人在进行投资时，除了要掌握一定的金融知识，还应保持良好的投资心态。所以父母要从小培养男孩过硬的心理素质，让男孩拥有一颗大心脏。将来无论是进行投资还是面对人生中的风风雨雨，都能保持良好的心态，从容应对。

9

第九章

男孩的性教育

如何和男孩谈论性

性和爱情一样，是一种美好的东西。父母都希望男孩长大后能获得美好的爱情，感受幸福的性体验。其实，这需要父母在男孩的性教育上投入更多的时间，给予男孩更多的关心呵护、积极教育和正面引导，从而让男孩对性有正确的认识。

中国的父母常常有这样的体验：不知不觉中男孩就长大了，开始对性产生兴趣，而他对性少之又少的认识，却是从别处学到的。有可能是从小伙伴那里学到的，也有可能是从报刊、网络、电视，甚至是侵犯他人那里学到的。

在《房思琪的初恋乐园》一书中，小思琪被诱奸之后对妈妈说："我们的家教好像什么都有，就是没有性教育。"这也是存在于中国家庭中的普遍情况。关于中国家庭性教育的调查结果显示，大约有70%的家长表示会回避和孩子谈论性方面的问题，而有近50%的家长从未和孩子谈论过性教育的相关内容。

随着年龄的增长和身体的发育，男孩渐渐会对性产生好奇，但从一些不正规渠道获得的性知识，可能会使男孩对性产生错误的认识。所以，父母应该从小对男孩进行性教育，让男孩在一个安全、可靠的环境中循序渐进地认识性。但在现实生活中，很多父母对性教育这个问题有着极大的误解。对于从小没受过性教育的这代人来说，他们认为性知识不用教，男孩又不会吃什么亏，等他长大了自然就懂了；或者认为小时候和男孩谈论性的问题可能会让男孩性早熟，性教育应该从青春期开始。从这些误解中不难看出，父母在给男孩进行性教育这件事上，潜藏着一种性羞耻感。

受中国传统文化的影响，中国父母通常在孩子面前对性采取回避的态度，人们似乎心照不宣地达成了某种共识——性是不能拿到桌面上谈论的。所以，父母不但不会对孩子进行性教育，甚至连和性有关的话题也从不在孩子面前说。如果男孩提出与性有关的疑问，父母会声色俱厉地呵斥他不应该问这样的问题。

父母不妨认真地回想一下自己的成长之路，是否也曾在性问题上迷惑不解？是否也曾因性知识匮乏走过一些弯路，甚至有的还留下过性方面的心理阴影呢？如果父母一直回避性教育这个问题，可能会让男孩重走一遍父母走过的路。而且男孩面临的成长环境更复杂，人们的性观念更开放，男孩接收到的性信息也更多元化，在日常的阅读、交友和游戏中都可能遇到与性有关的话题，性教育显得愈加重要和被需要。

当父母树立了给男孩进行性教育的意识后，应该怎样对男孩开展性教育，如何和男孩谈论性呢？

作家唐·珍妮·埃利姆提出，可以举行一个仪式。埃利姆建议在孩子10岁的时候，父母可以为孩子举行一个小小的仪式来庆祝孩子进入青春期。父母可以利用这个机会，心平气和地和男孩谈论性。告诉他男性与女性的身体有何不同，以及进入青春期后他的身体会发生哪些变化。父母要向男孩传递一个信息：性是美好的。性体验会从手淫式的自慰开始，直到与相爱的人享受真正的性爱。但同时也要提醒男孩对性保持清醒的态度，告诉他性行为有导致怀孕以及得各种性病的危险。

其实对男孩的性教育不必等到10岁才开始，引导男孩对身体形成正确的自我认识，从男孩能听懂父母的语言时就可以开始了，然后随着男孩的心智不断成熟，不断加深其对性的认识。父母不必担心过早的性教育会使男孩性早熟，事实恰恰相反——研究表明，适当的性教育能够帮助青少年延迟初次性行为的时间，同时降低性行为的危险。若能同步进行性价值观教育，会对其成人以后的性生活产生积极的影响。

根据国际性教育专家的经验，儿童性发育会经历下面几个重要阶段，父母可根据男孩的生长规律，参考以下方法，对男孩开展相应的性教育。

2 岁前的男孩　靠身体感受外部世界，可能出现触摸生殖器官的行为。这时父母要教男孩认识生殖器官的科学名称，并通过和男孩身体的亲密接触来让他感受到爱和被爱。

2~6 岁的男孩　好奇心和求知欲不断增强，热衷于探索自己的身体和外部世界。这个阶段，父母要引导男孩对生殖器官和男女性器官的差别有所认识，告诉他如何进行自我保护、如何尊重他人的身体隐私。

6~9 岁的男孩 身体发育加快，逻辑思维能力增强。这个阶段，父母要更加细致地向男孩讲述科学的性知识，让男孩知道孕育后代是怎么回事，提前了解青春期遗精和相关的卫生知识，教他甄别外界良莠不齐的性信息。

9~12 岁的男孩 初次经历青春期的身心变化，出现自慰和性幻想等性行为，开始向往或尝试恋爱关系。这个阶段，父母要帮助男孩了解和应对身心的变化，教男孩学会如何和异性融洽地相处，帮助男孩获得正确的性知识并了解相关的法律、法规。

12 岁以上的男孩 对性的兴趣增加，身体迸发出巨大的能量，使男孩对性体验的需求增强，并开始对色情信息产生浓厚的兴趣。这个阶段，父母要侧重于对男孩进行性爱相关知识和性价值观的教育，为男孩提供更准确的避孕知识，告诫男孩性行为是有巨大风险的，明确性关系中的权利和责任，引导男孩理性地对待性和爱，预防色情信息对男孩身心的伤害。

性知识包括两部分：性经验和更高层次的性价值观。父母都希望男孩对性有正确的认识，拥有健康的性体验。但生活中不健康的性信息防不胜防，特别是处于青春期的男孩，受睾丸激素水平的影响，往往躁动不安，十三四岁的时候就会产生强烈的性冲动和性幻想，常用自慰的办法来满足性体验的需求。这个时候需要父母积极主动地进行引导，消除男孩内心的疑虑，让他知道如何与女孩相处，并在与女孩的相处中建立自信，学会处理恋爱关系。

著名作家周国平说："性禁锢和性泛滥都是爱情的大敌。"父母如果希望男孩长大后拥有幸福的爱情，就要从小对男孩进行正确的性教育，不能谈性色变，不能禁锢男孩对性的好奇心，也不能放任男孩在家庭以外的世界不加选择地接触性信息。一言以蔽之，父母只有引导男孩对自己的身体和情感负责，才能让男孩在性认知上少走弯路，避免男孩以后经历不良的性体验。

引导男孩认识自己的身体

父母对男孩的性教育，应该从引导男孩区分生理性别和认识自己的生殖器官开始。在男孩表现出性好奇时，给予指导和满足，并给男孩教授相关的卫生知识。下面是一位妈妈对男孩进行性教育的过程。

桐桐妈从孕期就开始学习科学育儿知识，在了解到性教育对男孩健康成长的重要性之后，她看了许多书籍并请教相关专家，开始了自己对桐桐的性教育之旅。

桐桐妈本来是一个性观念比较保守的人，但是经过学习之后，她决定以开放的心态对待儿子的性教育。桐桐妈了解到对于男孩来说，年龄越小，越觉得性器官与身体其他器官相比没有什么特别的，也就是说，越早和男孩谈论性，在以后与男孩谈到性时就会越自然。于是，桐桐妈决定从桐桐出生开始就对他进行性教育。

桐桐妈做的第一步就是教桐桐认识自己的生殖器官。在给桐桐洗澡时，桐桐妈会一边洗一边说："洗洗你的小脸，洗洗你的小手，洗洗你的肚子，洗洗你的阴茎和睾丸。"在给桐桐换尿布时，会边触摸他边说："这是你的'小鸡鸡'和'小蛋蛋'。"

究竟应该直呼孩子生殖器官的学名还是俗称，桐桐妈一开始很是纠结。按照书上的指导，应该直接叫男孩的生殖器官为阴茎和睾丸，这样有利于男孩长大后与他人就性方面的问题进行沟通；但是她却很不适应对小宝宝的身体这样直呼科学名称，而且有外人在场时，气氛也显得颇为尴尬。后来，桐桐妈找到一个折中的办法，她会这样对桐桐说："这是你的阴茎，阴茎是大名，它还有一个小名叫'小鸡鸡'，就像你的大名叫陈桐，小名叫桐桐一样。"这样既避免了不必要的尴尬，又可以让男孩准确地认识自己的身体。

在桐桐会坐的时候，桐桐妈发现桐桐有时会用手触摸自己的生殖器官。她一开始对这种行为很担心，后来她知道男孩触摸生殖器官的行为和吃手、吃脚的行为并无差别，都是在探索自己的身体，没有任何性意味，不属于性早熟，她也就放弃了干涉桐桐这种行为的想法，并让他继续探索。她觉得趁桐桐对性好奇的时候，正好可以教他认识性器官，于是她对桐桐说："这是什么呀？你的小鸡鸡对不对？它的大名叫阴茎，你也用他来小便对不对？"

对于男孩生殖器官的卫生问题，桐桐妈也做了很多功课。她在给桐桐换完尿布或洗澡时，都会洗洗他阴茎和睾丸周围的皮肤。需要注意的是，在为男孩清洗阴茎时，不要为了清洁得更彻底，故意把男孩的阴茎包皮往后拉，因为这个时候男孩的阴茎包皮和阴茎根部是相连的。

在桐桐学步的时候，桐桐妈发现桐桐经常会不由自主地往后拽自己的阴茎包皮，还会把手插进包皮里。她从书上得知，对于小男孩来说，把阴茎握在手里是一件很舒服的事。父母不必担心这会影响孩子阴茎的正常发育。要相信儿童不会伤害到自己，因为如果感到疼，他就会停下来。

当桐桐长到三四岁时，阴茎包皮又往后缩了一点。这个时候桐桐妈开始让桐桐尝试着自己洗阴茎，并告诉桐桐可以把包皮往后拉一拉，洗洗阴茎内部。她不仅告诉桐桐清洗的方法，还教他在洗完擦干后，如何把包皮放回去。在桐桐小便时，妈妈会对桐桐说："宝宝，可以把小鸡鸡的包皮往后拉一点，这样就不会尿湿裤子啦，可不要当个尿裤子的宝宝哦。"

桐桐有时候在玩游戏或看动画片时，忘了去厕所，他会突然站起来捏住阴茎对妈妈说："我要尿尿，我憋不住了。"此时桐桐妈就会对桐桐说："那快去吧，记住以后想小便就去卫生间，别一直憋着。"

女孩的骨盆肌肉发达，收缩能力强，能自己控制大小便，男孩的生理结构与女孩不同，就做不到这一点，所以绝大多数男孩都有过为了止住尿而捏住阴茎的经历。父母要多鼓励男孩及时上厕所。

另外，阴茎是非常敏感的器官，当桐桐和小伙伴嬉闹时，有时会碰撞到阴茎，桐桐会疼得缩成一团。虽然桐桐妈知道这样轻微的碰撞一般不会造成永久性伤害，但她还是会把桐桐带到没人的地方，仔细地帮他检查。如果没有大碍，桐桐妈会让桐桐安静地坐一会儿，等待疼痛感慢慢消失。但如果在生活中，男孩阴茎处的痛感持续且剧烈，而且阴茎有肿胀、流血或瘀血现象，男孩疼得哭个不停，甚至出现呕吐现象，就要立即带男孩去医院。所以父母要教育男孩爱护自己和他人的身体，不要玩一些可能会伤害到生殖器官的游戏。

有一天，桐桐妈在洗澡时，发现桐桐趴在浴室门口想偷看妈妈洗澡，这一下桐桐妈慌乱了，到底该不该让桐桐看异性的身体呢？

事实上，对男孩的性教育不但包括认识他自己的身体，还包括认识异性的身体，了解男女在生理结构上的区别。在男孩小的时候，妈妈可以通过亲子共浴的方式，把身体展示给男孩，让他了解成人异性的生殖器官。比起男孩日后通过其他渠道了解异性的生殖器官，家庭是一个更安全的能满足男孩性好奇心的环境。当然，对于接受不了亲子共浴的家长，或者针对年龄稍大一点的男孩，可以选用适当的绘本向他讲解异性的生殖器官。比如桐桐妈就拿着《人体城市》这本书，对着图片给桐桐讲解，并把书上的文字念给桐桐听。这样不仅教给桐桐一些新的性知识方面的词汇，而且也为桐桐日后打破性羞耻感和性别禁忌做了良好的铺垫。

需要说明的是，无论采取哪种方式，这个时候父母都要关注一个新问题：对男孩进行隐私教育。一般来说，性教育和隐私教育要同时进行。

对于这个年龄段的男孩，父母要尽早告诉他一些性禁忌。比如单独告诉男孩不要在公共场所触摸生殖器，因为其他人看见会感到不舒服，而且抚摸生殖器是一种隐私行为，不能被别人看到；告诉男孩无论男女，生殖器官都是隐私部位，不能给别人看，妈妈让男孩看自己的身体，为的是让他了解异性的身体，但是不能经常看，因为那是妈妈的隐私；还要告诉男孩哪些是私人区域，在家里也要区分私人区域和公共区域。

著名性心理学家霭理士在《性心理学》一书中提出："父母要尽早带孩子观摩古希腊的裸体雕塑和文艺复兴时期意大利名家的裸体画像或其画册，让孩子对人体养成正确与自然的观念，从而在将来可以抵御低级趣味的裸体作品。"父母引导男孩认识男性和女性的身体时，不仅在时间上要早，还要引导男孩树立健康的性价值观。父母可以通过亲子阅读、亲子游戏或者写书信的方式对男孩进行性教育。无论采用哪种方式，都要把握住两个要点：一是让男孩感受到父母对他的爱和关心；二是确保男孩学到科学的性知识。

科学地给男孩讲解生命的奥秘

"我是谁？我从哪里来？"孩子仿佛天生就是伟大的哲学家，他们渴望知道生命的来源和本质。这些困惑一旦产生，若无法找到答案，就会一直困扰着他们。这个时候，父母需要根据孩子不同阶段的认知水平，循序渐进地给他讲解生命的奥秘。

在男孩五六岁的时候，他会对如何生宝宝这个问题产生好奇，而对于"我从哪里来"的问题，可能男孩在更小的时候已经在找寻答案。当男孩问"我从哪里来"时，父母该如何回答呢？基本原则有两个：一是实话实说；二是问多少答多少。

父母可以利用绘本给男孩讲解相关知识，要一边回答一边观察男孩的理解和接受程度。如果男孩对答案表示满意，不再继续追问，父母也不必过度讲解，否则男孩理解不了，反而会增加他的困惑。

根据男孩的认知发展规律，大致可以分为以下几个阶段给男孩讲解生命的奥秘。

3岁前的男孩　当男孩问"我从哪里来"时，妈妈可以指着自己的肚子告诉他："你是从妈妈的肚子里来的。"

3~6的男孩　当男孩问："我从你肚子的什么地方出来的？"妈妈可以指着绘本中子宫的图片告诉他："你是从妈妈的子宫里出来的。"当男孩追问："我是怎么从你肚子出来的？"妈妈要告诉他："子宫和阴道相连，你是从妈妈的子宫里穿过阴道，然后从阴道口出来的。"如果男孩还想知道阴道口在哪里，妈妈可以在绘本上给他指出具体的位置，并告诉他，阴道口是女性生宝宝的专用出口，不是大小便的出口，避免男孩误认为自己是妈妈拉大便拉出来的。在阅读绘本时，妈妈还要强调这些部位是女性的隐私部位，不希望被其他人看到。

如果是剖宫产的妈妈，可以给男孩讲述他出生的过程，把伤口展示给他看，并告诉他："医生在妈妈肚子上子宫的位置割开一个小口，把你取了出来。"如果男孩问："为什么要把肚子割开？"妈妈可以把原因告诉他，并向他解释正常的出生过程是怎样的。

如果男孩问他"小时候"的样子和在妈妈肚子里吃什么时，妈妈可以给他看孕期的三维或四维 B 超影像，并告诉他："妈妈体内的营养通过脐带喂给你。"

6 岁至青春期的男孩 这个年龄段的男孩可能会问："我是怎么跑到妈妈肚子里的？"这时妈妈可以指着绘本告诉他："当爸爸和妈妈相爱时，爸爸把睾丸里的精子放到妈妈卵巢的卵细胞里。当精子和卵细胞相遇，他们会在子宫扎根、发芽、长大，然后就变成了小小的你。"

最让父母头疼的是男孩会追问爸爸是如何把精子放到妈妈的卵巢里的，这时父母要坦白地告诉男孩："爸爸的阴茎放入妈妈的阴道，精子从阴茎出来，通过阴道游进妈妈的卵巢里，然后有一个精子和卵细胞结合在一起，就变成了你。"父母可以和男孩一起阅读相关的书籍，也可以和男孩一起观看符合男孩年龄特点的性教育片。比如印度有一部名为《父与子的性教尬聊》的教育片就很适合这个年龄段的男孩观看。在这部教育片中，对儿子进行性教育的爸爸把阴茎比作数据线，把阴道比作 USB 接口，把精子的输送过程比作"把文档从手机传输到笔记本电脑"。爸爸坦率、清晰的表达不仅满足了儿子对于人类繁衍的好奇心，而且传达了这样一个理念：性是一件非常正常的事情。

在这个阶段，有些好奇心过强的男孩会提出观看爸爸妈妈是如何"造人"的，这时父母要拒绝孩子的要求，并强调这是爸爸妈妈的隐私，不能让别人看，进一步加强男孩的隐私意识。

对于不主动问自己从哪里来的男孩，为了避免他上学后接触到错误的性信息，父母应该在他上小学前利用适当的时机，主动给男孩讲解这方面的知识。

比如在电视上看到有人怀孕，在动物园看到动物交配、生产，如果男孩表现得十分好奇，父母可以乘机问他："你知道小宝宝和小动物是怎么生出来的吗？"然后根据男孩的反应，循序渐进地把相关的知识讲给他听。

另外，引导男孩阅读有关性知识的科普类绘本也是一个不错的方式。父母可以为男孩挑选与男孩认知能力和理解水平相匹配的绘本，陪男孩阅读并解答男孩提出的问题。要挑选生动有趣、内容科学、通俗易懂的绘本，不要挑选隐喻过多或者内容晦涩的绘本，比如《我从哪里来》就是一本不错的绘本。

教男孩学会保护自己，预防性侵害

父母对男孩进行性教育，除了引导男孩正确地认识性之外，还有一个很重要的作用就是防止孩子遭受性侵，这是父母最担心和焦虑的问题。帮助男孩防止性侵，是每个家有男孩的父母应尽的职责。

对于性侵，很多家长在认识上存在一些误区。

有的家长认为预防性侵是女孩的事，男孩又不会吃亏，这种观点是错误的。其实无论是男孩还是女孩，都有可能受到性侵。有的家长认为侵害隐私部位才叫性侵，其实性侵有很多方式，无论哪种方式都会对男孩造成伤害。还有的家长认为性侵离我们很遥远，然而《国际性教育技术指导纲要》上的数据显示，有5%~10%的男性曾在童年遭受过性暴力；世界卫生组织2014年的调查数据显示，全球范围内每13名男性中就有1名在18岁之前受到过性侵犯；一项国内高校学生调查结果显示，17.6%的男生在6岁之前经历过性侵犯。这些数据都在告诫父母，要警惕男孩被性侵的危险。

有些家长认为，不让男孩接触陌生人就能防止性侵。事实上在性侵案件中，熟人所占的比例更大。由于对男孩的性侵一般都具有隐蔽性，所以父母要告诫男孩，即使是面对家人、邻居、朋友、学校的工作人员，也要拒绝让自己不舒服的行为。

此外，对于预防性侵，不仅要强调隐私部位不能让别人碰，还要叮嘱男孩要坚决拒绝他人不舒服的拥抱、抚摸或亲吻，因为这些行为都是试探性的性侵，等到触碰到隐私部位再去拒绝，往往为时已晚。

为了预防男孩遭受性侵，父母首先要了解哪些是性侵行为。

一类是身体接触型性侵。这类性侵一般发生在隐蔽之处，而且多发生在熟人之间，所以在男孩没有性保护意识之前，父母要看护好男孩。身体接触包括触摸或亲吻男孩的隐私部位，把物品放入男孩的隐私部位，诱导男孩玩诸如"脱裤子"的游戏，强迫男孩触摸别人的隐私部位，等等。这些强迫男孩进行不舒服的身体接触的行为，都会对男孩的身体和心理造成伤害。另一类是非身体接触型性侵。比如偷看男孩洗澡、上厕所，给男孩拍裸照，要求男孩暴露生殖器，引诱男孩观看色情刊物、色情视频等。

父母应该如何教导男孩，才能帮助男孩避免性伤害呢？

3岁前的男孩，父母要教导他树立"身体是自己的"的意识，自己有权拒绝任何人的接触。

从男孩出生开始，父母就要让男孩意识到身体权是神圣不可侵犯的，他有权拒绝所有他不喜欢的触碰，包括父母、亲人和熟人的触碰。父母一定要帮助男孩守护好身体权，不要把熟人随便触摸男孩当作是对男孩的喜爱。如果不对那些让男孩感觉不好的行为加以阻止，那么就会让男孩误以为父母默许这些行为，从而失去拒绝意识。

父母要以身作则，帮男孩牢固树立身体权神圣不可侵犯的意识，比如平时做好自己的隐私保护，洗澡、换衣服、上厕所时都要关门，避免被他人看到，并提醒男孩也这么做。当男孩想看或触摸父母的隐私部位，而男孩已经对身体有所认识时，父母可以直截了当地告诉男孩："这是我的隐私部位，我不想让你碰。"通过示范，教给男孩如何拒绝别人的触碰。父母特别要注意不能让男孩看到自己和伴侣的性行为，做爱时要锁紧房门，万一被男孩看到，也不要斥责男孩，要和男孩平静地沟通，帮他解答心中的疑惑。

3岁以后的男孩，父母要教他们学会保护自己。

父母首先要让男孩认识自己的身体，明确知道身体的哪些部位是隐私部位。比如陪男孩一起阅读绘本《我宝贵的身体》《我的秘密我了解》，让男孩清楚阴茎、阴囊和臀部是自己的隐私部位，还要反复告诉他："隐私部位不能给别人看，更不能让别人摸，要保护起来！"

还有一点需要注意，家长不但要教男孩学会保护自己的身体，还要教他学会尊重和保护他人的身体。比如不能偷看或触摸他人的隐私部位，不谈论他人的隐私部位等，避免侵犯他人的身体权。

预防孩子遭受性侵是每个家长必须高度重视，决不能掉以轻心的事情。一定要利用正确的方式，让男孩懂得保护自己的身体，不侵犯他人的身体。父母把性教育做到位，才是对男孩最好的保护。

性发育对男孩心智的影响

男孩身体激素的变化，会影响他内心的变化。为了保证男孩身心健康地发展，父母要积极了解和观察男孩的身心变化，并做出正确的反应和引导，让男孩顺利度过变化期。

首先，父母要了解决定男孩身心变化的一个重要因素——睾丸激素。

男孩出生后，体内的睾丸激素其实很高，相当于一个 12 岁左右男孩体内的睾丸激素水平。这是为了刺激男孩发育出男性特征，所以男孩在胎儿期和刚出生后都会出现阴茎轻微勃起的现象。此后的几个月，男孩的睾丸激素含量会快速下降，甚至不到出生时的十分之一，而且在男孩学步的整个阶段，他体内睾丸激素的含量都会处于一个比较低的状态。

当男孩长到 4 岁时，睾丸激素又会回增，达到之前含量的两倍。这时的小男孩充满战斗力，崇拜英雄，喜欢运动和冒险。长到 5 岁时，他体内的睾丸激素含量又会下降一半。这时，他仍然喜欢运动和冒险，唯独不喜欢和女孩玩耍。

男孩在 11~13 岁时，睾丸激素含量又一次急剧上升，几乎达到学步期的 8 倍，这会促使男孩身高猛增，大脑组织也开始重新整合，男孩会表现得迟钝、木讷、做事没章法、生活无秩序……这些都是青春期的正常反应，会随着年龄的增长而逐渐好转。另外，有些睾丸激素含量过高的男孩，他体内的一部分睾丸激素会转变成雌激素，出现胸部隆起、性格温柔等女性特征，只要在正常发育的范围之内就不必担心。

当男孩长到 14 岁时，体内的睾丸激素含量将会达到最高值，他的体毛开始快速增加，脸上开始冒粉刺，性意识也开始觉醒，整个人变得躁动不安。

进入青春期的男孩精力旺盛、狂躁、好斗，这是因为受体内睾丸激素水平的影响，男孩的心理发生了变化。内心忧虑、躁动的男孩喜欢到处疯跑，大声吵闹，更容易惹麻烦、做错事，发生这类事情的概率是平时的几倍。

青春期的男孩还会表现出较强的性欲和攻击行为。性体验能帮助他平静下来。这个年龄段的男孩大多会手淫。父母要更加包容和善待青春期男孩，引导他正确释放性欲和多余的精力，避免造成性暴力倾向。如果男孩在童年、少年时期得不到父母的呵护和关爱，那么他很难学会理解和善待他人，这会使他变得更有攻击性和侵犯性。

睾丸激素的不断增长，使得男孩的精力更加旺盛，注意力更加集中。体内睾丸激素含量高的男孩一般具有很强的领导能力。比如在学校里，有些男孩是同学心目中的英雄，有些是社团领袖，其实这类男孩有一些共同的特点。一是积极参与竞争，勇于接受挑战，体格健壮，精力充沛。对于这类男孩，父母应该引导他把过剩的精力放在有意义的事情上，比如带领同学一起学习、组织爱心活动、参加体育比赛……如果父母对于精力旺盛的男孩失去耐心，不愿管教，任其肆意妄为，那么这类男孩就会变成到处惹事的人。

受睾丸激素水平的影响，男孩到了上学的年龄就会开始压抑自己的情感。其实小男孩的感情是十分丰富的，但受客观环境的限制，他们会羞于表达自己那些悲伤、恐惧或者脆弱的情感，往往会压抑自己的情绪。直到青春期来临，男孩饱受压抑的身体才会突然迸发出强劲的活力，他会突然感受到一种奇特的兴奋，他的阴茎开始频繁勃起。这个阶段的男孩开始着迷于节奏、速度、运动和冒险，他们本能地知道，这会让他们显得更酷、更帅、更有男子汉气概。为了让男孩明白"激情四射的青春是一种快乐而并非困扰"，父母可以经常拥抱男孩，让他更喜欢自己的身体，同时享受心理变化带来的喜悦。

父母对男孩的善待还包括用积极、开放的态度看待男孩在性方面的变化。青春期的男孩开始对性感兴趣，同时又会充满困惑，父母千万不能因为男孩对性或者女孩有错误的认识而奚落、斥责他，这样只会打击男孩的自信心和自尊心。当男孩在交谈中蹦出"手淫""做爱""性高潮"，甚至"强奸"和"乱伦"等与性有关的词汇时，父母要保持镇定，要以开放的心态接受男孩对性的认识，同时引导男孩正确地谈论性。当电视上出现与性有关的画面或对话时，如果男孩偷笑或避而不看，这时父母要开诚布公地和他谈一谈，了解他的想法后，告诉他什么是正确的态度。

当男孩长到十六七岁的时候，他们开始对女孩产生特殊的情愫，这正是恋爱开始的季节。男孩开始倾慕女孩游刃有余的交际能力、随机应变的高情商、优雅轻盈的体态和清脆悦耳的声音。他们对女孩充满期待，渴望得到她们的青睐，但男孩通常不敢说出自己懵懂的想法。

女孩明媚动人的风采会让一些缺乏自信的男孩在与女孩相处时感到自卑。但事实上，青春期的女孩非常热情，她们很愿意与男孩交往并分享友情。只要男孩懂得一点交际技巧并自信一点，就会跟女孩成为很好的朋友。

需要说明的是，在这一阶段，男孩的"色欲"开始滋长。每个男孩的心中都有自己的完美女神，并开始产生性幻想。这时男孩渴望与女孩交往，得不到女孩的回应时往往会变得愤怒，并对性产生不满。这时可能会产生一个不好的结果，即男孩开始向外界寻求性刺激和性满足，沉迷于色情信息不能自拔。这类男孩成年后面对性和爱情时会产生强烈的自卑感，变成乏味的恋人和伴侣，甚至导致婚姻破裂。

父母一定要善待青春期男孩，多去关心他、赞美他，保护好男孩的自尊心和自信心，让他相信爱和性是美好的，自己是美好的，人生是美好的。

正确地理解爱与性

岳岳上幼儿园时，很喜欢和班里一个扎着两个麻花辫的小女孩玩，他们兴趣相投，很玩得来。有一天，妈妈去幼儿园接岳岳，岳岳冲出教室，飞奔向妈妈，高兴地说："妈妈，我喜欢和冯子墨玩，长大以后我能和她结婚吗？"

妈妈笑了一下，说："好。"岳岳高兴得又蹦又跳，这个时候妈妈又想起一些问题，于是她问岳岳："宝宝，你知道吗？婚姻需建立在爱情的基础上。两个彼此喜欢的人在一起，婚姻才会幸福。你觉得冯子墨喜欢你吗？"

岳岳转头看向妈妈，脱口而出："喜欢。她喜欢和我一起玩，还把她的零食分给我吃。我也喜欢她，我把我最喜欢的奥特曼木偶送给了她。"

妈妈好奇地问岳岳："那你们准备什么时候结婚呢？"

这个问题让岳岳很是为难，他想了想说："等我们幼儿园毕业的时候吧，那时候我们就长大了。"

妈妈宠溺地摸摸岳岳的头说："幼儿园毕业了，你们还要上小学、中学、大学，然后参加工作，那个时候你们才真正地长大了。如果到那个时候，你们还彼此喜欢，那么就可以结婚啦。"

"好吧。"岳岳一听要等那么久，有点失望。

妈妈突然来了兴趣，继续问他："等你们结婚后，谁洗碗、做饭、拖地，谁洗衣服、整理房间、带孩子呢？"

岳岳的眼神一下子有了光亮，他眨眨眼睛说："啊，这个，我还没想好。我想我们会一起做的，平时我们都是一起做事的。"

妈妈满意地点点头说："嗯，这个主意不错。"

有些父母认为男孩进入青春期才会对婚姻感兴趣，其实男孩在三四岁的时候就会表现出组建家庭的愿望，他们想和喜欢的人"结婚"。这就和父母小时候喜欢玩过家家，喜欢扮演爸爸、妈妈，让布娃娃扮演宝宝一样，其实这都是儿童婚姻敏感期到来的正常表现。

儿童时期是男孩培养纯粹情感的关键时期，如果父母能够帮助男孩顺利地度过婚姻敏感期，会为他成年后的婚姻关系奠定良好的基础。男孩的婚姻敏感期基本上决定着男孩的情绪、情感能否达到一个成熟的状态，这是锻炼男孩处理人际关系、了解异性、认识婚姻和家庭的好时机。父母可以乘机帮男孩树立正确的婚姻观和爱情观。当男孩思考婚姻中的具体问题时，意味着他会用更认真更负责的态度来对待婚姻。

　　父母在给男孩讲解婚姻时，不能回避"离婚"和"单亲家庭"等问题，这也是婚姻可能呈现的状态。

　　当父母给男孩讲到单亲家庭时，男孩可能会问："小宇的爸爸妈妈为什么不一起生活？"在男孩能够理解的前提下，父母可以直接告诉他："世界上没有两个家庭是完全一样的。有的爸爸妈妈相爱，就生活在一起；有的不再相爱了，就会分开。爱情发生了变化，导致婚姻发生变化，于是就会出现不同的家庭形态。"这样给男孩讲解爱情和婚姻的关系，可以帮助男孩以包容的态度看待不同的家庭结构，接纳和尊重不同的婚姻形态。

　　婚姻是爱情的产物，如果父母想让男孩正确地认识婚姻，就要先让他了解什么是爱。十几岁的男孩进入青春期，也进入恋爱的迷茫期。这个阶段的男孩渴望去爱别人，也渴望被人爱。他会幻想出一个喜欢的女孩，并为她罩上色彩斑斓的光环。经过时间的淘洗和现实的磨砺，男孩终会粉碎心造的幻影和那虚无缥缈的光环，重新看待他喜欢的人。在这个过程中，男孩真切地感受到了爱。

　　爱是一种美好的体验，但也常令男孩感到困惑。尤其是对于青春期男孩，父母要教他们分清喜欢、爱和欲望的区别。有人说："喜欢是淡淡的爱，爱是深深的喜欢。"这句话有一定的道理。具体来说，喜欢是两个有着共同兴趣、爱好和人生目标的人彼此之间的一种欣赏；而爱是心与心的交流，是灵魂与灵魂的吸引，是两个人坦诚相对、彼此信任、甘愿付出；欲望则是一种纯粹的生理反应，没有爱情的性是一种原始的冲动，是鄙陋、粗俗甚至危险的。如果男孩正在恋爱或渴望恋爱，父母要教男孩分清三者的区别，让男孩更加了解自己的感情，了解爱的真谛。

　　恋爱中的男孩会呈现出不同的恋爱状态，其中让父母比较忧心的是男孩的早恋和单恋。

　　男孩的正面管教

其实，父母也都年轻过，都有过青春岁月，回想自己的少男少女时代，就能明白青春期男孩的早恋和单恋没什么可奇怪的，是一件很正常的事情。哪个少年不多情？哪个少女不怀春？所以当父母发现男孩早恋或单恋时，要抱着理解的态度，引导男孩的情感健康发展。

首先，父母要告诉男孩，在青春期对异性产生好感、渴望与异性接触很正常，很多人都是这么过来的，不必大惊小怪。若父母在发现男孩早恋或单恋时，采用责骂和制止的态度，会让男孩产生不安和自责的感觉，误以为在青春期对异性产生好感是不对的，结果影响男孩正常的情感发育；而且这种来自父母的高压，还会使男孩产生逆反心理，反而激发出他对恋爱和性的兴趣。男孩只有在自尊自爱的前提下，与异性坦然、正常地交往，才能自信、理智地控制好自己的情感，平衡好恋爱与学习的关系。

其次，当男孩因单恋或失恋而悲伤和痛苦时，父母要帮助男孩树立积极的人生观、爱情观，引导男孩尽快从失恋或单恋的阴影中走出来。

比如父母可以跟孩子聊一聊自己的感情经历，让男孩从中得到一些启发。父母可以这样安慰他："不是你不够好，而是配得上你的那个人还没有出现。"可以让他尽情倾诉甚至大哭一场，然后彻底放下。

随着年龄的增长，尤其是在恋爱之后，男孩必然会接触到性，这时更需要父母的正确引导和教育。

男孩最初体验性时，父母要强调必须在安全的前提下隐秘地进行；而当性行为涉及两个人的时候，还要增加一个原则，那就是自愿原则。任何强迫、威胁或者引诱别人和自己发生性关系的行为都是不被允许的，情节严重的还会受到法律的制裁。比如和14岁以下的女性发生性关系，即使对方同意，仍构成强奸罪。另外，在大学里，恋人间的所有亲密行为必须以遵守校纪校规为前提。

对于恋爱期男孩的性教育，父母可以尝试和男孩做一些约定。比如以平等、尊重的态度和男孩讨论初次性行为的时间不能早于什么时候，而且必须是有准备、有计划和慎重考虑后与恋人共同决定的结果。另外还要确保男孩在性行为之前，了解和掌握相关的性健康知识和避孕措施。比如男孩要知道意外怀孕以及性传播疾病方面的知识，清楚发生性关系时的卫生保健知识，知道如何正确地使用安全套来保护自己和恋人。

第九章　男孩的性教育

当男孩对婚姻、爱情和性发生兴趣时，就是父母教导男孩正确地认识爱和性的关键时期。父母除了要教导男孩树立正确的爱情观、婚姻观，还要和男孩探讨性行为的安全底线，并做好相关知识的传授。父母要让男孩明白，健康的性才是美好爱情和幸福婚姻的保障。

青春期男孩的性健康知识

青春期是男孩人生中非常重要的一个时期，在这个阶段，男孩会接触性并经历自己的第一次性体验。关于遗精、手淫以及做爱等较为隐秘的性知识，父母一定要提前告诉男孩，避免男孩因为无知伤害到自己和他人。父母不管是开诚布公地当面讲，还是通过写信、发短信等方式，都要保证两点：一是让男孩了解基本的性知识；二是让男孩明白什么是健康美好的性生活。

遗精是男孩成为男人的标志，一般来说，男孩从 13 岁开始就会出现遗精现象，发育晚的则要到 16 岁或 17 岁才会遗精。这个阶段父母要密切关注男孩的身体和心理变化，尤其是爸爸，可以试探性地向男孩了解情况，尽量让男孩和父母分享这个消息。父母要祝贺男孩成为了真正的男人，还要感谢他对自己的信任，然后告诉他相关的性健康知识。

遗精意味着男孩拥有了孕育下一代的能力，同时他也要准备担负起责任。性是为了繁衍后代，但更是因为爱。男孩在成为男人后要学会承担爱的责任，要保证自己拥有健康的身心和良好的性关系。

开始遗精后，男孩要更加注意个人卫生，及时清洗残留的精液，勤换内裤勤洗澡。养成良好的卫生习惯，不仅对男孩的健康有益，还可以避免男孩在婚后把生殖器官上的细菌、病毒传染给自己的伴侣，同时也可以避免男孩将来因为生殖器官疾病而影响生育能力。所以，男孩从一开始就要养成良好的卫生习惯，这既是保护自己和未来的家人，也是男孩在成为一个好丈夫、好父亲之前必须做的事。

伴随着遗精，男孩还可能自慰，也就是手淫，这是男孩的权利。自慰是一种让男孩在生理上感到舒服的方式，就像挠痒痒和挖鼻孔一样，是正常的生理需要。当然，有没有自慰行为都是正常的。

苏格兰喜剧演员比利·康诺利曾经发表过对手淫的看法："手淫的一个好处是你不必有英俊的外表。我记得自己第一次性体验是非常恐怖的——那是一个黑夜，我又是独自一人。你知道，我永远不反对手淫。

它是我们当中一些人仅有的性体验。我要是这样做了，早上才会感觉充满活力。"

作为一个男人，自慰是正常的生理需求，男孩不必因此而有什么心理负担。自慰是保持精子更新的简便机制，是让男孩享受快乐、充满活力的简单方法，同时也是年轻人获得良好性体验的途径之一。

关于手淫，父母一定要让男孩明白两点：一是手淫是被允许的，但一定要在隐秘的空间进行，而且一定不要伤害到自己的身体，不要为了追求刺激，用硬的、尖锐的物品进行自慰，这些都可能伤害到自己；二是教给男孩相关的卫生知识，比如使用纸巾，避免流出来的东西弄脏床单、睡衣和枕头，事后及时清洗、更换衣物。

对于利用色情片辅助自慰的男孩，父母一定要告诉他我国相关的法律法规：走私、制作、贩卖、传播淫秽的书刊、影片、录像带、录音带、图片或者其他淫秽物品，都属于违法行为。

男孩观看色情片，父母不必强行制止，但是一定要让男孩知道，色情片大部分是通过夸张的表演唤醒成年人的荷尔蒙，那些夸张的性行为在日常生活中很难做到。常看色情片容易使人因自卑而性冷淡。况且青少年一般是荷尔蒙过剩的，根本不需要通过强烈的性刺激来诱发自己的性反应，所以要建议男孩少看或不看。

对于有女朋友的男孩，父母务必要告诉他相关的法律知识，比如中国的法律规定："如果和未满14周岁的少女发生性关系，不管该少女是否同意，都按强奸论处，追究刑事责任。"所以父母一定要提醒男孩，如果女朋友不满14周岁，是绝对不可以和她发生性关系的。因为无论女孩如何保证自己是自愿的，只要她的家人知道并去报警，男孩就会被追究法律责任。

此外，父母要有意识地延迟男孩发生真正的性行为的时间，因为青春期男孩的身体还没有发育完全，过早地发生性行为会影响他的身心健康。

等男孩过了青春期，身体和心理都达到一个比较成熟的状态之后，父母可以允许男孩有真正的性行为，但一定要强调，爱是性的前提，美好的性行为一定是建立在两个人真心相爱和彼此尊重的基础之上的，同时还要提醒男孩做好避孕、预防性病等保护措施。

父母要告诉男孩安全套的使用方法：从发生性行为开始，一定要确保全程都使用安全套，从阴茎勃起开始戴好安全套，直到射精之后再取下来，取下来之后也要避免精液流入女方的阴部；阴茎也不要靠近女方的阴部，因为一些边缘性行为也可能导致意外怀孕。

性是美好的，但男孩要学会克制自己的欲望和冲动。尤其是在男孩的朋友圈中，如果有人提出一些危险的建议，比如以开玩笑、做游戏的方式让男孩做一些尺度比较大的事，涉及生殖器官、裸体或女孩等，这时一定不要参与，而且要尽量劝阻他们。不要因为一时的冲动而触犯法律。一旦造成严重的后果，悔之晚矣。

在性行为中丧失理智和触碰底线，都可能伤害到自己和他人的健康、安全、隐私，所以无论在什么情况下，保持理智都是必要的和必需的。迷途中，理性是唯一的明灯。

引导男孩抵御低俗的性信息

随着互联网的飞速发展，人类社会进入到一个信息爆炸的时代，男孩成长的环境越来越复杂。通过电脑、手机等电子产品，男孩会接收到形形色色的与性有关的信息。父母要教男孩学会鉴别各种性信息，从小培养男孩的判断力、辨别力，从而抵御不良性信息的影响。

小力的爸爸最近遇到一件非常头疼的事情，他发现小力的房间里贴满了裸体女郎的海报。这不仅让爸爸感觉不舒服，妈妈也很讨厌看到那些画。

通过阅读相关书籍，小力的爸爸了解到青春期男孩欣赏和迷恋女人的身体并没有错。让爸爸妈妈感到不舒服和讨厌的原因在于，小力不该把裸体女郎的海报公开地挂在墙上。

小力的爸爸决定和小力进行一次坦诚的交流。

小力的爸爸说："我在十五六岁的时候也喜欢看这种性感的图片，还专门收藏过此类杂志，不过那个时候可没有现在这种高清版本。"

"其实我还收藏了很多类型的美女海报。"小力得意地说。

爸爸又说："你知道，爸爸妈妈并不反对你看这些图片，但是你把它挂在墙上会让妈妈感到不舒服，你知道为什么吗？"

"我不知道妈妈为什么不喜欢这些海报，我只知道她不止一次想撕掉我的海报，可这是我的房间，挂什么样的画是我的自由，不是吗？"

"儿子，你说得对，这是你的自由。但是你要明白，爸爸妈妈和你，我们是一家人，我们生活在一起，互相照顾也互相包容。你不能不让妈妈进你的房间吧？况且妈妈那么爱你，她想了解你，想帮你整理房间，你不能拒绝吧？"

"爸爸，你说得没错，我不介意妈妈进入我的房间。"

"那么爸爸给你出个主意，如果你确实喜欢这些图片，你就把它们藏起来，想看的时候自己悄悄地看，这样就不会让妈妈感到不快了。"

小力听从了爸爸的建议，将裸体女郎的海报藏了起来。

父母尽量不要让13岁以下的男孩接触色情产品，因为这个阶段的男孩和女孩之间的友谊还没有升华到性的阶段，过多的性刺激会对男孩的心理和生理造成伤害。

　　当然，父母的禁令也许起不到什么作用，因为男孩接触到色情产品的途径很多。面对这种情况，父母可以选择一些内容健康、图文并茂的书籍给男孩看，既满足了男孩的好奇心，又不会对他产生不良影响。

　　当男孩看到色情图片时，父母要引导他以审美的眼光去欣赏女性的身体之美，让男孩在了解女人的同时学会尊重女人。当男孩见多了裸体女人的画像，以后再碰到就不会过分关注和不知所措了。另外，如果父母发现男孩私藏同学之间传播的小黄片或黄色手抄本，一定要提醒男孩不要保留这些色情产品，更不能传播。因为这可能会给他带来麻烦，让他承受莫大的压力，甚至触犯法律。

　　生活中除了色情海报，还有很多低俗的性信息，如非法的性用品广告和性病治疗广告，以及不法网站推送的不堪入目的弹窗会随时冒出来，闯入男孩的视线，这时父母一定要采取措施，正确引导。

　　当年龄较小的男孩在影视剧里看到大人亲热的画面时，父母大可不必紧张，不必连忙换台或捂住他的眼睛。因为在小男孩看来，这和纪录片中动物求偶、交配的画面没有什么区别。父母可以利用这一契机，对男孩进行性教育。父母可以告诉男孩："这个男人和这个女人是因为相爱才拥抱和接吻的。"让男孩知道拥抱和接吻是爱的表达方式。如果男孩看到做爱的场景，父母要告诉他，这是成年伴侣表达爱的一种特别的方式。如果男孩看到带有强迫性的动作，父母要告诉男孩，表达爱和接受爱都要在自愿的原则下进行，强迫别人就变成了性骚扰。父母要告诫男孩任何时候都不要去强迫别人，如果自己受到性骚扰，要坚决地拒绝并告诉爸爸妈妈。

　　父母可以采取一些预防措施，避免男孩受到电脑、手机里随时可能跳出来的色情信息的影响。比如为男孩配备专用的电脑和手机，设置成儿童模式；如果男孩有时会借用父母的手机和电脑，父母就不要安装非法软件，不要浏览不安全的页面，也不要保存色情图片和视频。要竭尽全力为男孩创造一个健康的网络环境。当男孩不小心看到色情网页时，父母要迅速关掉并告诉男孩这些弹窗是恶意的，是不好的东西，甚至带有病毒，不要点开，更不要访问这些网站。

　　引导男孩抵御不良的性信息，用防和堵的方法是极其被动的，收效甚微。因为男孩不可能生活在一个与世隔绝的环境里，只要他想看，总有办法看到。即使父母给家里的电脑安装上过滤软件，禁止孩子浏览黄色网站，也不能保证他在网吧里不会看。所以父母能做的就是正视男孩的性教育问题，教授给他健康的性知识，帮助他树立正确的性爱和性道德观念。让他学会辨别哪些性信息是健康的，哪些是有害的，主动抵制不良性信息的诱惑。唯有如此，才能帮助男孩健康成长，开创更加美好的未来。

10

第十章

教的目的，在于不教

男孩和你想的不一样

庄子与惠子游于濠梁之上。庄子曰："鲦鱼出游从容，是鱼之乐也。"惠子曰："子非鱼，安知鱼之乐？"庄子曰："子非我，安知我不知鱼之乐？"这则故事讲的其实是一个简单的道理，但是用到亲子关系上，却很有趣。孩子认为父母不了解自己，父母则认为你不是我，怎么知道我不了解你？那么事实究竟如何呢？下面让我们来看看父母对男孩常见的几种误解。

一、当男孩在看电视的时候，他在看什么？

父母一般认为男孩喜欢看动画片，是因为动画片色彩鲜艳、卡通人物造型有趣、小动物活泼可爱，还有绚丽的声光特效。但事实并非如此。男孩之所以爱看动画片，是因为他们被故事情节所吸引。表面的绚丽多彩是不会长久地吸引男孩的注意力的。男孩虽然年纪小，但他和大人一样，有一套完整的思维系统，只是它还处在发育阶段。

对于男孩看电视的方式，大多数父母的理解也是不准确的。父母通常认为男孩只有全神贯注，才能看懂节目内容；如果他们三心二意，就无法了解故事梗概。对此科学家专门做过一个实验。

科学家找到两组5岁的孩子。一组在一个空空荡荡的房间里看电视，另一组在一个摆满玩具的房间里看电视。实验结果显示，待在空屋子里的孩子大约有87%的时间在看电视，而待在有玩具的屋子里的孩子只有47%的时间在看电视，因为后者的注意力被玩具分散了。但是，当科学家测试这两组孩子对节目内容的记忆程度和理解程度时，结果却发现两组的得分完全相同。孩子看电视的方式比父母想象的复杂，他会在玩玩具和观看电视之间合理地分配注意力，而且他只接收电视节目中有效的信息。也就是说，如果孩子在看电视，说明他看懂了；如果他转移注意力了，说明他已经看不懂了。

二、当父母把男孩无法理解的内容强行灌输给他时，结果会怎样？

有一则寓言故事，说有一只鸟的名字叫大鸟，有一天它突然意识到自己的名字不好听，于是它给自己起了个新名字叫"罗伊"。但是当人们都叫它的新名字的时候，它又发现其实自己并不喜欢这个新名字。它最后说，尽管"大鸟"这个名字很普通，但它毕竟是我最初的名字，我喜欢这个名字。这个故事告诉我们，悦纳自己，要从喜欢自己的名字开始。

但在年幼的孩子看来，一个名字只能对应一个事物。比如宝宝就指他自己，而不是指所有的小朋友。猫的名字就是猫，狗的名字就是狗，你要是跟他讲，柳树叫柳树，也叫树，他就难以理解。所以，当你给他讲大鸟将他的名字改为"罗伊"，又改回"大鸟"这个故事时，孩子就会很困惑。因为他认为自己的名字指的就是自己，他不明白名字为什么还能换来换去。

在这里我们发现，孩子并不能理解寓言所蕴含的深刻道理。也就是说，成年人把超过孩子认知能力的信息强加给孩子，其实收不到任何效果。所以，父母只有在了解男孩的前提下，才能提供男孩感兴趣的内容；父母只有为男孩提供与男孩认知能力相匹配的内容，才能被男孩内化成自己的知识。

三、当男孩重复做一件事情时，他会感到厌倦吗？

成年人大都厌倦简单重复的事情，就算是给男孩讲故事，父母也每次都想换一个新故事讲。但在男孩看来，重复的内容却蛮有趣的。

男孩喜欢听重复的故事，喜欢看情节大致相同的动画片。因为对学龄前的男孩来说，重复是最好的学习方式。在一遍一遍的重复中，男孩的理解能力不断地得到提高。很多父母不了解这一点，自作主张地说："关于恐龙的书你已经看过很多了，换一本吧。"殊不知，对男孩来说，重复的内容才是最好的学习教材。

看到这里，父母们也许会发现，原来男孩的世界和你以为的世界是不一样的。所以父母不要用成人的眼光去看待男孩，不要把自己的意志强加给他，而是要学会尊重男孩的生理和心理特点，让男孩自由地成长。好的父母，是在男孩需要引导的时候，科学地加以引导；在男孩需要帮助的时候，适时地给予帮助。当然，最好的父母是与男孩一同成长的父母。

爱和自由是唯一答案

心理学者李雪说："父母是孩子所有问题的答案，而爱和自由是唯一答案。"男孩从出生的那一刻起，就需要一种全能自恋，这种"世界就是我的"的感觉，可以让男孩长大后拥有完整的人格。在这种心理需求下，父母给予男孩多少爱和自由都不过分。

为了说明爱和自由对孩子的成长多么重要，李雪还举了一个特别形象的例子。

天气干旱时，小树为了自保，会把叶片卷起来，防止水分蒸发。园丁Ａ看到后，知道小树缺水，就给小树浇了水；园丁Ｂ很懒，没去管它；园丁Ｃ学过一些林业知识，知道树叶只有充分伸展开来才能进行光合作用，于是他把小树的树叶一片片掰开，不许它卷着。结果园丁Ａ和园丁Ｂ照顾的小树都活了下来，园丁Ｃ照顾的小树却旱死了。

这个故事让我联想到孩子的教育问题。如果父母能像园丁Ａ一样，及时发现男孩成长中遇到的问题，给予男孩充分的关爱和恰当的照顾，那是最好的；如果父母没有爱的能力，就去做园丁Ｂ，不去干扰男孩，顺其自然，这样他也能活下来；千万别像园丁Ｃ一样，既没有爱的能力，又不给予男孩成长的自由，那样只会以悲剧收场。

研究表明，在婴儿时期由于缺乏父母的爱导致依恋关系严重断裂的男孩，会出现自闭症、精神分裂症、反社会人格和变态杀人狂的倾向。缺少爱的男孩由于与父母情感疏离，没有充分体会过父母的情感变化，不了解父母的情感需求，所以长大后也就无法体会他人的情感需求。他们会对人产生一种冷漠感，就像草木一样无情。

缺少爱的男孩不善于处理与他人的关系，这就使男孩很难进入一段稳定的关系，从而变成没有爱和不会爱的人。

在一个什么样的家庭中，男孩才不会缺少爱呢？

最理想的状况是：爸爸爱男孩，妈妈爱男孩，爸爸和妈妈彼此相爱。并且，父母之间的爱是第一亲密关系。在这样的家庭中长大的男孩，因为得到了充分的爱，懂得尊重和爱护别人，所以能够融洽地进入到一段稳定的亲密关系中。

父母如果爱男孩，就应该给予他充分的自由。但是在现实生活中，让父母给予男孩自由，怎么就那么难呢？

有的父母认为不能给男孩自由，如果男孩喜欢打游戏、玩电脑，父母给他自由，会让他堕落下去。但是，换个角度想一想，就会有不一样的领悟。男孩为什么喜欢打游戏呢？首先，男孩喜欢打游戏，是因为他想打游戏的心理需求没有得到满足，也就是说男孩在打游戏这件事上没有自由，没有被满足的事只会让男孩更加沉迷。其次，男孩喜欢打游戏，是因为他内心孤独，需要通过打游戏来排遣这种孤独。如果父母能用自己的陪伴代替游戏的陪伴，让男孩感受到关爱和温暖，那么，就算给他随时打游戏的自由，他也不会沉迷于游戏。因为游戏能带给他的感受，父母都能给予，而且父母可以给予的更多、更好。

生命是一个爱的聚合体，渴望父爱、母爱的男孩，永远都不会嫌那份爱多，所以父母要给予男孩充分的爱和自由，让男孩的身心得到滋养。唯有如此，他才会活成他喜欢的样子。

坦然面对人生中的别离

午后的阳光静静地从窗户照进客厅，洒下一片又一片斑驳的碎影，整个房间的氛围顿时变得慵懒起来。朗朗双眼微微地睁着，抬起头看向妈妈，用力努着小嘴说："我要睡觉了。"

妈妈轻轻地将朗朗抱进卧室，拉上一半窗纱，拥着他入睡。阳光透过另外半扇窗扉，暖暖地打在妈妈光着的脚上。

朗朗整个人都蜷缩在妈妈的臂弯里，他光滑柔嫩的脸颊贴近妈妈的嘴唇，可爱调皮的小脚在妈妈的腿上摩挲着，短短的小胳膊绕过妈妈的脖子轻轻地搂着她，时不时地用力钩一下小手，妈妈的嘴唇便紧紧地贴上他粉嘟嘟的脸颊。

朗朗很快便沉沉地进入了梦乡。妈妈的耳朵贴到朗朗胸前，她听见朗朗的心脏咚咚咚地跳着，跳得那样强劲，那样有力，妈妈惊叹于生命的伟大。

妈妈还听见平缓细微的呼吸声从朗朗小小的鼻子里冒出来，整个世界都随之安静下来。妈妈看见朗朗长而浓密的睫毛像遮雨的屋檐低垂在眼睑，偶尔翘起一两根，仿佛在彰显他的顽皮。

妈妈搂着入睡的男孩，一只手几乎覆盖了他小小的肩膀，他紧紧地贴着妈妈，仿佛害怕与妈妈分离。十月怀胎，从男孩脱离妈妈的身体，发出第一声啼哭，妈妈就已开始感到不舍。随着男孩独立意识的不断增强，他快速地成长着。直到有一天，男孩长大了，为了追逐梦想，他背起行囊，去向远方。随着男孩远去的，还有父母牵挂的目光。无论父母站在多远的地方眺望，无论男孩在多高的山巅飞翔，父母的爱都始终陪伴着他，须臾不离。男孩的不断成长意味着与父母的一次次离别，从出生离开母亲的身体到上学离开家乡，从在外独自打拼到结婚生子，每一次离别都是"往日欢乐的终结"，也是"未来幸福的开端"。

父母要引导男孩学会坦然地面对离别，男孩远去的脚步越坚定，父母才越放心。

在父母与男孩相处的日子里，父母要明白，孩子跟父母是朋友关系，而不是依附关系。纪伯伦说："你的孩子，其实不是你的孩子，他们是生命对于自身渴望而诞生的孩子。他们通过你来到这世界，却非因你而来。他们在你身边，却并不属于你。你可以给予他们的是你的爱，却不是你的想法，因为他们自己有自己的思想。你可以庇护的是他们的身体，却不是他们的灵魂，因为他们的灵魂属于明天，属于你做梦也无法到达的明天……你是弓，儿女是从你那里射出的箭。"父母要知道，男孩有自己的路要走，父母可以参与男孩的成长，却不能代替他生活。

愿天下父母都懂得适时放手，愿世间所有的离别都是为了更好的重逢。